Funk-se
quem quiser

Funk-se
quem quiser
No batidão negro da cidade carioca

Adriana Carvalho Lopes

1ª Edição, Rio de Janeiro, 2011

Copyright © 2010 by Adriana Carvalho Lopes

Direitos de edição para a língua portuguesa no Brasil reservados à
Bom Texto Editora e Produtora de Arte Ltda.
Av. das Américas, 500 – bloco 23 – sala 302 – Downtown
Barra da Tijuca – Rio de Janeiro – RJ – CEP 22640-100
Tel.: (21) 2431-8811 – Fax: (21) 2431-8713
e-mail: bomtexto@bomtextoeditora.com.br
www.bomtextoeditora.com.br
Proibida a reprodução total ou parcial.

Coordenação editorial
Cristina Portela

Capa e projeto gráfico
Elizabeth Dunhofer

Ilustrações da capa
Mauricio Machado Rodrigues Junior

Editoração eletrônica
Abreu's System

Revisão de língua portuguesa
José Augusto Carvalho

CIP-BRASIL. CATALOGAÇÃO-NA-FONTE
SINDICATO NACIONAL DOS EDITORES DE LIVROS, RJ

L85f

Lopes, Adriana de Carvalho, 1973.
Funk-se quem quiser : no batidão negro da cidade carioca / Adriana de Carvalho
Lopes. - 1.ed. - Rio de Janeiro : Bom Texto : FAPERJ, 2011.
224p.

Inclui bibliografia
ISBN 978-85-8099-000-3

1. Funk (Música) - Rio de Janeiro (RJ) - História e crítica. 2. Funk (Música) - Rio
de Janeiro (RJ) - Aspectos sociais. 3. Movimento da juventude - Rio de Janeiro (RJ).
I. Fundação Carlos Chagas de Amparo à Pesquisa do Estado do Rio de Janeiro. II.
Título.

11-2071.   CDD: 306.4842
                            CDU: 316.74:78.067.26

14.04.11 15.04.11   025774

*Aos funkeiros
e às funkeiras
que (en)cantam a
cidade carioca!*

Pra quem não conhece o funk
É com muito prazer
que eu me apresento
agora pra você.
Sou a voz do morro,
o grito da favela
sou a liberdade,
em becos e vielas.

Deixa o meu funk entrar
Funk-se quem quiser
ao som do funk eu vou
seja o que Deus quiser.
Felicidade sim,
eu quero é ser feliz
sem discriminação
este é o meu País.

Muitos me condenam,
mas nada me assusta.
Eu sou brasileiro
e não desisto nunca.
Sou da sua raça
sou da sua cor,
sou o som da massa
sou o funk, eu sou!

(*Funk-se quem quiser,* MC Dollores)

AGRADECIMENTOS

Este livro é resultado de minha tese de doutorado, realizada no Instituto de Estudos da Linguagem da Universidade Estadual de Campinas, sob a generosa orientação do professor Kanavillil Rajagopalan. A pesquisa foi financiada pela Fundação de Amparo à Pesquisa do Estado de São Paulo (Fapesp). A Coordenação de Aperfeiçoamento de Nível Superior (Capes) também me concedeu bolsa-sanduíche para o desenvolvimento do meu trabalho no ano de 2007, no Departamento de Estudos Afro-americanos da Universidade da Califórnia, Berkeley, sob a orientação do professor Percy Hintzen. Agradeço aos meus orientadores e aos respectivos programas de pós-graduação pelo excelente clima intelectual que tanto me instigou para a execução desta pesquisa e para a redação deste texto.

Sou muito grata aos professores com quem estabeleci diálogo na Cidade do Rio de Janeiro, Luiz Paulo da Moita Lopes e Samuel Araújo. Agradeço igualmente aos membros de minha banca de doutoramento, professores Júlio César Tavares, Viviane Veras, Daniel do Nascimento e Adriana Facina.

Agradeço a todos os funkeiros e as funkeiras que dividiram um pouco de suas vidas comigo. A todo pessoal da APAFunk e do Movimento Funk é Cultura, que criaram o verdadeiro sentido deste livro. Ao Leonardo, ao Júnior, ao Teko, ao Pingo, ao Marquinho, ao William, ao Galo, ao Dollores, ao Duda, ao Tuzim, ao Lasca, ao Marcelo Negão, ao Juninho, ao Nil, a Dandara, ao Serginho, ao Marquinho (mais conhecido como Lacraia), que, infelizmente, nos deixou tão cedo. Agradeço aos meninos do Bonde dos Magrinhos e a todos aqueles artistas de funk que me apresentaram um outro Rio de Janeiro, muito mais caloroso e interessante do que aquele que, como forasteira, sempre via em cartões-postais. Aos militantes do Direito Pra Quem (DPQ), ao Deley de Acari, ao Delírio Black e a Cláudia Duarcha (a maior funkeira de raiz que conheço), que também fizeram parte deste processo.

À minha mãe, Thely, e à minha avó, Therezinha, mulheres de tanta fibra e meus maiores exemplos, meu muito obrigada. Ao meu querido irmão, Júnior, presente em todos os momentos de meu caminho, mesmo quando a distância física era grande. Ao marido de minha mãe, Diego, por ter-se tornado um grande amigo. À minha Ceição, pelo seu carinho e por ser minha família. O meu muito obrigada a essa minha pequena família por acreditar em mim e me ajudar a tornar mais esse sonho possível.

Ao meu amor, Bruno, não só por ser a parte essencial de minha vida, mas por ter-me presenteado com o melhor e maior amor: o nosso Miguelzinho, que em breve dançará ao som do funk, como tantas outras crianças...

SUMÁRIO

PREFÁCIO 13

INTRODUÇÃO 17

CAPÍTULO 1 > **FUNK CARIOCA E DIÁSPORA AFRICANA** 23
    1.1   1ª CENA: O FUNK DOS SUBÚRBIOS E DA BAIXADA 24
    1.2   2ª CENA: FUNK E ARRASTÃO 33
    1.3   3ª CENA: FUNK, SEXO E TRÁFICO 49

CAPÍTULO 2 > **FUNK: UMA CULTURA, UMA LINGUAGEM, UMA FORÇA** 67
    2.1   NO DIA EM QUE O PARLAMENTO CANTOU... 68
    2.2   UMA PRAGMÁTICA DA IDENTIDADE 78
    2.2.1   Contextualizando: identidade, globalização e consumo 78
    2.2.2   Desconstruindo: identidade, representação e performance 81
    2.3   PODE O SUBALTERNO SER OUVIDO? PRINCÍPIOS DE UMA ETNOGRAFIA PERFORMATIVA 90

CAPÍTULO 3 > **DE FUNK DE RAIZ A MOVIMENTO POLÍTICO E CULTURAL** 99
    3.1   BASTIDORES DO FUNK: UM TRABALHO E UMA INVENÇÃO DE MERCADO 102
    3.2   EMPRESÁRIOS E MCS: EXCLUSÃO E HIERARQUIA DO MERCADO FONOGRÁFICO 107

	3.3	EM CENA: INVENÇÃO DA TRADIÇÃO "FUNK DE RAIZ" 114
	3.4	AS RODAS POLÍTICAS 119
	3.5	FUNK E VOTO: UM RELATO SOBRE A ARTE NAS FRONTEIRAS DA CIDADANIA 122
	3.6	A FAVELA COMO ESPAÇO DO FUNK 130
	3.7	VIDIGAL, ROCINHA, CIDADE DE DEUS, BOREL... A FAVELA TEM NOME PRÓPRIO! 134
CAPÍTULO 4 >	**"VAI DESCENDO ATÉ O CHÃO": SEXUALIDADE E GÊNEROS NO FUNK CARIOCA**	**151**
	4.1	FUNK: O ASSUNTO É SEXO 156
	4.2	BASTIDORES: A POSIÇÃO DAS MULHERES E AS RELAÇÕES DE PODER NA INDÚSTRIA FUNKEIRA 161
	4.3	EM CENA: UMA GUERRA DOS SEXOS 170
	4.3.1	O "jovem macho sedutor" 171
	4.3.2	Novinha 173
	4.3.3	Fiel *versus* amante 175
	4.3.4	As "cachorras" 177
	4.4	SOU FEIA, MAS TÔ NA MODA: A COR E O PREÇO DA SENSUALIDADE 186
	4.5	"ELES APRENDERAM A RESPEITAR O MEU REBOLADO": A "LACRAIA" E OS "BONDES" 190
	4.6	NOVO FEMINISMO NO FUNK? 194

PALAVRAS FINAIS   201

REFERÊNCIAS BIBLIOGRÁFICAS   211

PREFÁCIO

MC Leonardo

Como fazer com que um grupo de funkeiros favelados tenha como ideal a busca não só pelo respeito aos direitos que eles já possuem, mas também a busca pelos direitos que ainda lhes são negados? Como fazer isso sem um projeto pronto em mãos, apenas com palavras? Como fazer isso sem conhecimento algum no que diz respeito aos órgãos responsáveis pela cultura e pela segurança do Estado (já que o funk vinha sendo tratado como caso de polícia nos últimos vinte anos)?

Eu vinha sendo procurado por alguns estudantes universitários de várias áreas. Eles queriam fazer suas monografias, defender suas teses, fazer trabalho de campo etc. Sem ao menos conhecer essas palavras acadêmicas, eu sempre me dispus a ajudar esses estudantes por um motivo muito simples: o que eu pensava sobre o funk tinha que ser passado adiante.

Mas, na Rocinha, onde nasci e me criei, sempre ouvia de amigos opiniões do tipo: "Tu vai ficar andando pra cima e pra baixo com esse pessoal universitário?" Ou, então: "Eles vão te encher de pergunta, vão terminar seus trabalhos e vão sumir sem ao menos dizer o destino da tua entrevista." Não posso dizer que quem falou estava errado! Infelizmente, na maioria dos casos é assim.

Em 2008, eu, já muito cansado de dizer para minha classe que a gente tinha que fazer alguma coisa que nos aproximasse, para que pudéssemos brigar com um mercado monopolizado que nos escravizava e com um governo que nos criminalizava, encontrei não só uma, mas duas acadêmicas engajadas, duas Adrianas: as professoras universitárias Adriana Facina e a Adriana Carvalho Lopes, autora deste livro. E já que carioca tem mania de diminuir os nomes, Adriana Lopes virou Drica. E assim é carinhosamente conhecida por todos nós da Associação dos Profissionais e Amigos do Funk (APAFunk): associação que ela colaborou para elaborar e lutou para que fosse fundada.

O encontro com Drica e com Adriana foi fundamental para quem estava esperando alguém que se comprometesse com o objeto de sua pesquisa, além dos muros das universidades. Interessante é que eu esperava que seria alguém da área de comunicação, do jornalismo ou mesmo do direito, mas aí eu estava enganado.

Adriana era antropóloga e pesquisava o brega, o samba, o candomblé e muita literatura, o que me ajudou muito a entender por que o preconceito contra o funk era uma herança muito antiga. Drica era linguista e estudava as culturas de rua, o hip-hop, sua estética e, principalmente, as suas linguagens.

Drica dizia para mim que o preconceito que existe contra o funk não é apenas contra o funk, mas contra boa parte das manifestações negras. Na opinião dela, o que acontece com o funk há tanto tempo é um tipo de racismo. No início, eu não estava querendo (até porque não estava preparado para isso) levar o debate para esse campo, mas, diante das argumentações dela sobre as manifestações jovens da diáspora africana, não me restou alternativa a não ser ler algumas coisas do gênero.

Eu, que só tenho o primário, percebia ali que eu estava fazendo uma faculdade na prática, e que minha própria vida era a minha professora. Era só eu continuar me dedicando às coisas que eu tinha me proposto defender, e ter pessoas como a Drica e a Adriana, para me dar um norte quando necessário, foi e ainda é um grande privilégio que eu tenho!

Tem gente que passa a vida toda se dedicando a um projeto de vida e se esquece de se projetar. E projetar-se é jogar-se dentro do que deseja, é dispor-se a ir a todos os lugares possíveis em busca de divulgar os seus desejos.

A maneira com que os estudantes são obrigados a pesquisar faz com que a maioria deles criem um vinculo muito superficial com o seu objeto de pesquisa, e é aí que está a diferença da Drica. Ela percebeu que poderia e deveria fazer parte do mundo funk, interferindo positivamente nos rumos que ele estava prestes a tomar.

Drica deixa pra gente um presente, que vai servir para os nossos filhos e netos saberem o que a gente estava fazendo nos dias atuais. Presente para outros estudantes compreenderem como é possível não só estudar a história, mas fazer a história. Presente que servirá ao funk como um material de luta pela defesa desse movimento cultural tão perseguido.

INTRODUÇÃO

> "Carioca. [Do tupi Kario'oka, 'casa de branco.'] 1. De, ou pertencente ou relativo à cidade do Rio de Janeiro." (Verbete "Carioca", *apud* Cunha, 2002, p. 85)

Mar, movimento, mistura constituem as metáforas que dão vida ao sentido poético da cultura negra contemporânea. Fundamental na constituição do mundo moderno ocidental, mas situada com toda violência à sua margem, essa cultura tem origem híbrida nas viagens de antigos navios. Música, dança e estilo são as marcas dessa cultura que desafia as fronteiras dos estados-nação com seus padrões de ética e estética. Disseminação é a forma de sua trajetória. Diaspórico é o estilo de sua identidade, que só pode ser entendida no plural (Gilroy, 2001).

Renovadas política e sonoramente com as invenções do disco *long-play* e de toda uma complexidade tecnológica, as culturas negras transformam-se em hip-hop em solo estadunidense e se espalham criativamente pelo mundo, inclusive no Brasil. Por canais informais de comunicação, o hip-hop é desvinculado do seu local de origem histórica, chegando, insubordinadamente, aos bairros populares da conhecida cidade carioca: a sede da mestiçagem racial brasileira, que sempre teve como donos e patrões "os homens brancos" – aqui, a etimologia da palavra "carioca", apresentada na epígrafe, serve como pista.

Nos subúrbios e nas favelas do Rio de Janeiro, a diáspora africana ganha novos contornos e significados. Nas periferias da cidade, o hip-hop da Flórida receberá o nome de funk carioca. Logo nos primeiros dez anos de existência, essa prática musical deixa de ser uma simples imitação ou reprodução da forma e do estilo que haviam sido afetuosamente tomados de empréstimo dos negros de outros locais para se transformar num ritmo que conjuga a estética do hip-hop às práticas negras locais. No funk encontramos várias performances que evidenciam essa mescla: a fala cantada do rapper, muitas vezes, carrega a energia dos puxadores de escola de samba, a vulnerabilidade do corpo do break é acentuada com o rebolado e a sensualidade do samba, e o *sampler* vira batida de um tambor ou atabaque eletrônico.

Porém, como toda cultura negra, o funk é criativo e estratégico, mas é também vulnerável. As forças da mercantilização penetram diretamente nas suas formas de expressão, classificando e homogeneizando a sua musicalidade, oralidade e performance. Reificam-se, desse modo, os binarismos dos padrões culturais ocidentais: autêntico *versus* cópia, alto *versus* baixo, resistência *versus* cooptação etc. O funk entra na classificação dicotômica que, mais do que revelar uma qualidade intrínseca à produção cultural, serve para mapear as performances culturais negras dentro de uma perspectiva burguesa, na qual a alteridade é posta em seu devido lugar, ou seja, é constituída sempre pelo adjetivo que carrega o traço negativo desses binarismos hierárquicos.

Mas o funk é contraditório e tira proveito até mesmo dos estereótipos e de tudo aquilo que se acumula como "lixo" e "vulgar" na cultura moderna. O funk evidencia como a juventude negra e favelada se reinventa criativamente com os escassos recursos disponíveis, subvertendo, muitas vezes, as representações que insistem em situá-la como baixa e perigosa. Além disso, a crítica ao funk escancara a maneira pela qual a sociedade brasileira renova seu racismo e preconceito de classe camuflados pelo retórica ocidental do "bom gosto estético."

Situado num campo de estudos transdisciplinar, este texto pretende construir um "diálogo com" ou "uma narrativa sobre" a identidade dessa manifestação local da diáspora africana – o funk carioca. Mas o que seria isso? Uma música? Uma linguagem? Uma cultura? Qualquer um dos três, desde que compreendêssemos que a música não é, apenas, um som; tampouco linguagem e cultura são estruturas autônomas e universais. O funk carioca é uma música, uma linguagem e uma cultura, pois é sobretudo uma prática social historicamente situada: uma forma de cantar, de expressar, de construir, de vivenciar e de sentir o mundo.

Entendemos que a identidade do funk, assim como as identidades sociais são performances. Porém, nesse caso, o termo performance tem um sentido generalizado: trata-se tanto daqueles atos de fala (linguístico-corporais) encenados nos palcos, quanto também dos atos de fala que constituem os sujeitos e a vida cotidiana (Derrida, 1982; Goffman, 2001). Como mostrarei não há uma "verdade" por trás do ato ou uma "essência" por trás das máscaras. Portanto este texto é uma performance (ou uma prática) que dialoga com outras performances (ou com outras práticas). Importa compreender as performances que circulam e estruturam o mundo funk: tanto aquelas que constituem os seus bastidores, quanto aquelas que formam a cena funk.

Vale destacar, de saída, que a interpretação que ora apresento é resultado de um tipo de leitura transdisciplinar. Como ensina o etnomusicólogo Seeger (2008, p. 21), "uma disciplina é, até certo ponto, um diálogo. É uma conversa com pessoas mortas e com pretensos ouvintes que ainda irão viver". Por exemplo, um trabalho que estivesse inserido na tradição disciplinar da linguística estabeleceria um diálogo com outros linguistas: com aquilo que eles já disseram (e dizem) sobre esse campo disciplinar e seus respectivos objetos de estudo. Porém a leitura que aqui represento (ou melhor, o texto que aqui performatizo) não é resultado de uma "conversa" que "respeite" essa fronteira disciplinar.

Primeiramente, o meu foco de interesse não é um objeto de uma disciplina específica, mas um problema ou um tema de estudo – o funk carioca. Assim, estabeleço um diálogo com aqueles sujeitos que produziram conhecimento sobre tal tema, não importando, desse modo, em que campo disciplinar eles estão situados – estão presentes nesta narrativa vozes não só de antropólogos, mas de etnomusicólogos, de críticos da comunicação, de linguistas, bem como de filósofos da linguagem. Trata-se de um texto que atravessa as fronteiras disciplinares, não se reduzindo a nenhuma delas. Ademais, é um trabalho que surge de uma preocupação prática não só de acadêmicos intelectuais, mas, principalmente, de sujeitos que foram subalternizados ao longo de nossa história e que estão fora dos muros das universidade. Nesse sentido, considero e dialogo também com o conhecimento desses sujeitos – aqui, eles não são objetos de estudo, mas sim sujeitos produtores de conhecimento. E, por fim, é um texto transdisciplinar, pois não importaram, numa lógica mecânica, os "resultados" deste trabalho, mas o processo de reflexão política no qual me engajei coletivamente, ao longo do meu trabalho de pesquisa. Mais do que mostrar os resultados dessa pesquisa em congressos e revistas científicas, importou compartilhá-los e reconstruí-los com aqueles sujeitos diretamente envolvidos com um conjunto de práticas que formam aquilo que chamarei de mundo funk.

Busquei, dessa forma, entender como se constrói a identidade funkeira, considerando principalmente os significados raciais, uma vez que tal aspecto me parece muito relevante para a compreensão de uma manifestação local da diáspora africana; um aspecto que tem sido sistematicamente silenciado ou apagado em outros estudos desenvolvidos sobre essa prática musical. Vale lembrar, no entanto, que raça não é um conceito a-histórico (Hall, 2003), mas uma construção discursiva ideologicamente situada. Portanto é preciso compreendê-la sempre de maneira relacional, considerando outros eixos de identificação que se articulam e se interseccionam na constituição das identidades sociais, como, por exemplo, os significados de classe, de território e de gênero.

Fundamentada por esses pressupostos mais políticos do que propriamente teóricos, convido a leitora ou o leitor a percorrer os quatro capítulos que dividem este livro. Como subalternidade e dominação são posições relacionais, represento no Capítulo 1 a forma pela qual a mídia corporativa construiu o funk carioca ao longo de três décadas. Tratando o gênero musical como uma prática exótica, a mesma mídia que, muitas vezes, glamoriza o funk – principalmente, quando essa prática começa a ser consumida por determinada elite – é aquela que associa o funk ao perigo, à barbárie e à criminalidade. Nesse caso, a discriminação racial é dissimulada e transformada em preconceito com os sujeitos e práticas provenientes de determinados locais da cidade – bairros populares e favelas.

No Capítulo 2, mostro como essa constante criminalização do funk efetuada pela mídia corporativa e pelos sujeitos dominantes que ela representa provocou uma série de respostas por parte dos funkeiros. Desse modo, foi aprovada pela Assembleia do Estado do Rio de Janeiro (Alerj) uma lei que reconhece o funk como cultura. Fundamentada pela vivência desse ato público, discuto também nesse Capítulo algumas questões teóricas e metodológicas sobre os limites dialógicos não só da lei, mas também de meu trabalho e deste texto.

Como toda identidade é sempre fragmentada, e a sua singularização é um ato ideológico, mostro algumas divisões e fragmentos que constituem a identidade do funk. Para tanto, proponho fazer um exercício no qual dialogo com os discursos e os atos de fala que estruturam tanto os bastidores quanto a cena funk. Ainda que esses dois locais (ou essas duas linguagens) não sejam estanques, ou seja, o que é bastidor pode virar cena e vice-versa, é preciso compreender as relações de poder que estruturam esses espaços ou essas linguagens.

Nesse sentido, no Capítulo 3, mostro como a exploração de artistas nos bastidores do mundo funk resultou numa organização dos funkeiros em torno de uma identidade altamente política e ligada a movimentos sociais de esquerda, chamada "funk de raiz". No Capítulo 4, discuto aquelas produções e sujeitos que o funk de raiz excluiu: o chamado funk pornográfico. Observando como as relações de gênero estruturam tanto os bastidores quantos as cenas do mundo funk, destaco como a identidade desse gênero musical também limita as formas pelas quais as performances de gênero social e de raça podem ser encenadas no funk. Da mesma maneira em que há, no funk, subversões de determinadas regras de gênero e raça que estruturam a nossa matriz heterossexual, as pressões da indústria funkeira acabam disciplinando essas subversões, transformando-as em regra.

CAPÍTULO 1
FUNK CARIOCA E DIÁSPORA AFRICANA

Mas não me bate doutor
porque eu sou de batalha
acho que o senhor
tá cometendo uma falha
se dançamos funk é porque somos funkeiros
da favela carioca, flamenguistas, brasileiros.
Apanhei do meu pai,
apanhei da vida,
apanhei da polícia,
apanhei da mídia,
quem 'batisse' acha certo,
quem apanha tá errado,
mas nem sempre meu senhor
as coisas vão por esse lado.
Violência só
gera violência, irmão!
Quero paz,
quero festa
o funk é do povão
já cansei de ser visto
com discriminação,
lá na comunidade
funk é diversão.
Hoje tô na parede ganhando uma geral
se eu cantasse outro estilo isto
não seria igual (...)

(*Não me bate doutor!* MCs Cidinho e Doca)

1.1 1ª Cena: o funk dos subúrbios e da baixada

"É possível que um fato cultural saia do 'Bronx', o bairro negro e pobre de Nova York e chegue a afetar um milhão de suburbanos do Rio sem passar por qualquer veículo da mídia?" Tal pergunta é o enunciado que abre uma reportagem[1] do jornal *Folha de S.Paulo* sobre a primeira etnografia dos chamados bailes funk da cidade do Rio de Janeiro, realizada pelo antropólogo Hermano Vianna, em meados dos anos 1980. Raramente noticiado pela mídia corporativa e pouco conhecido pela elite branca dos bairros nobres dessa cidade, nesse período, o hip-hop, produzido inicialmente em solo estadunidense, foi batizado, ressignificado e disseminado como funk carioca nas periferias da cidade do Rio de Janeiro. Segundo algumas matérias jornalísticas publicadas nos anos de 1980 e a referida etnografia de Hermano Vianna, o funk carioca já reunia, naquela época, cerca de um milhão de pessoas nos 700 bailes que existiam espalhados pelos clubes e pelas quadras de esporte das zonas norte e oeste do Rio de Janeiro – os bairros mais populares da cidade. Nos anos de 1980, as poucas matérias sobre funk veiculadas nos jornais de circulação local e nacional apresentavam, invariavelmente, essa mesma indagação. Assim como Vianna, os jornalistas também se perguntavam: como poderia uma manifestação cultural completamente fora dos modismos burgueses, supostamente brancos, determinados pelo eixo Rio-São Paulo (consideradas as capitais culturais do país), transformar-se em uma das preferências de grande parte dos jovens favelados e suburbanos (negros em sua grande maioria) da cidade carioca?

---

[1] VIANNA, H. "Antropólogo estuda a influência do funk sobre os subúrbios cariocas." *Folha de S.Paulo*, São Paulo, 11 mai. 1988. *Comportamento/Juventude*.

Para Vianna (1988), essa migração da periferia da cidade de Nova York para a periferia da capital do Rio de Janeiro coloca em xeque a lenda de que o eixo Rio de Janeiro-São Paulo dita e homogeneíza, de uma vez por todas, os costumes e os gostos do restante do país. Nas palavras do próprio autor,

> Esse estranho consumo de música importada vem, pelo menos (além de fazer a festa) provar uma coisa. Os grandes meios de comunicação de massa estão longe de controlar a realidade cultural de nossas grandes cidades. O mundo funk carioca escapa totalmente do que afirmam as teorias apocalípticas (...) da indústria cultural. Muitos autores afirmaram e afirmam que essa indústria estaria produzindo uma realidade cultural homogênea em todos os países. (...) A existência, no Rio, de bailes dedicados ao hip hop é um sinal de "desobediência", mesmo que inconsequente em termos macropolíticos, à determinação do consumo que dizem ser produzidas pelas multinacionais do disco em escala planetária (id., ibid., p. 102).

É preciso reconhecer que, embora nesse movimento de importação cultural os interesses das elites nacionais sejam predominantes, as classes subalternas não são alheias a esse processo. Com exemplo do funk carioca, podemos observar que esses sujeitos também constroem o hibridismo cultural que constitui aquilo que poderá vir a ser considerado (ou não) uma prática ou uma cultura local/nacional. Nesse sentido, concordo com Vianna (1988), quando esse autor argumenta que o funk carioca é resultado de um processo de hibridização semelhante ao que a elite brasileira promovia nos anos de 1920, com o movimento antropofágico – "só me interessa aquilo que não é meu" (id., ibid., p. 101), ou seja, é preciso devorar as culturas importadas e reelaborá-las com autonomia. Considerando essa mesma perspectiva, Vianna (1988) destaca que o hip-hop é "deglutido" e reinventado no Rio de Janeiro de uma maneira inédita.

No entanto, essa comparação deve ir além e levar em consideração não só os distintos momentos históricos desses dois movimentos culturais de hibridização, mas também os diferentes sujeitos que promovem tal mistura. Assim, em primeiro lugar, é preciso pontuar que, enquanto o movimento antropofágico se consagrou em 1930, época em que a nação brasileira estava sendo inventada como o país da mistura e da mestiçagem racial, os hibridismos culturais do funk carioca são encenados em um contexto no qual já não há mais um projeto de construção da nação. Dito de outro modo, o funk carioca constitui-se num momento em que a antiga imagem de Brasil – como um país da democracia racial e social – começa a ser substituída por um retrato de uma nação altamente fragmentada e permeada por conflitos.

Em segundo lugar, é necessário estar atento para os distintos sujeitos/agentes que promovem essas misturas. Ao passo que o movimento antropofágico era constituído por uma elite branca que "deglutia" a cultura de uma determinada elite branca europeia, o funk carioca é formado por jovens negros e pobres que "deglutem", fundamentalmente, os "textos sonoros" de uma cultura marginalizada produzida por outros jovens, também negros e pobres.

Por essa via, compreendo que o funk carioca seria uma prática local daquilo que alguns intelectuais negros chamaram de manifestações da diáspora africana (cf. Hall, 2003; Gilroy, 2001). Isso explicaria, por exemplo, uma outra questão levantada na etnografia de Hermano Vianna. Como argumenta esse antropólogo, os jovens funkeiros, assim como Oswald de Andrade, interessaram-se "por tudo aquilo que era do outro", mas esse "outro" não seria um "outro" qualquer. Os funkeiros não foram procurar a "sua música no Paquistão ou na Indonésia", mas na cultura afro-americana (Vianna, 1988, p. 102). Vianna não explica o porquê dessa escolha, pois seria necessária buscar nessas manifestações uma ancestralidade africana original comum entre a música eletrônica negra norte-americana e o ritmo dos subúrbios negros do Rio de Janeiro para estabelecer uma identificação entre ambos (id., ibid., p. 109). Porém, como pretendo mostrar, não é necessário uma "busca por origens" para realizar a ligação entre essas manifestações culturais, pois essas são práticas diaspóricas que têm como princípio não uma marca homogeneizante, mas um princípio estético/político que funciona como fonte de inspiração para a construção das mais diferentes práticas musicais negras, adaptáveis às suas próprias realidades locais.

A partir dos anos 1970, começa a ser desenhado, no mapa global, um mercado transatlântico para a cultura "pop negra". Nela, a música passa a ocupar um lugar central, servindo de "matéria-prima" para a produção de novas identidades negras em torno de todo globo.[2] Segundo Gilroy (2001), essa música – deslocada de suas condições originais de existência – alimentou uma irradiação cultural negra, bem como promoveu "uma nova metafísica da negritude elaborada e instituída em outros lugares dentro de espaços clandestinos e alternativos, estruturados em torno de uma cultura expressiva dominada pela música" (p. 175). Assim, compreendo que o hip-hop faz parte dessa irradiação cultural negra. Trata-se de uma linguagem diaspórica disseminada através da música e intrinsecamente relacionada com a construção de identidades de jovens negros habitantes de territórios urbanos que são marcados por formas similares, mas não idênticas, de racismo, pobreza e segregação espacial.

Desse modo, para compreender a cultura negra diaspórica não é necessária uma permanente volta às origens culturais na África – como argumentaria Vianna (1988). Não é a origem comum que define, simbolicamente, a diáspora africana e sim um

---

[2] Por essa via, podemos entender como as lojas de discos, as rádios e os clubes seriam um tipo de arquivo popular disseminadores dessa linguagem popular negra (Gilroy, 2001).

compartilhamento de experiências marginais e subalternas. Ademais, como mostra Rose (1994), o hip-hop, desde seu início, nunca se enquadrou em uma noção homogênea de tradição nacional. Nascido nas periferias de uma cidade norte-americana pós-industrial, o hip-hop sempre carregou marcas de uma cultura transnacional, uma vez que reunia os recursos e as tradições vernaculares não só de jovens afro-americanos, mas também da juventude jamaicana, caribenha e latina que residia na cidade de Nova York.[3] Portanto, vista por este ângulo diaspórico, a transformação do hip-hop – uma performance híbrida desde seu início – em funk carioca não evidencia uma simples importação cultural de um ritmo estrangeiro. Trata-se da (re)invenção e renovação de ritmos negros que sempre pulsaram nos bairros pobres e nas favelas cariocas.

Nesse sentido, vale destacar também a polêmica que se instala quando se pretende definir o que é o funk no Rio de Janeiro. No Brasil, os jovens que se definem como os verdadeiros seguidores do hip-hop têm como referência política os guetos de Nova York e Los Angeles e um comprometimento com a crítica e com a transformação social (Cecchetto; Farias, 2002). Por seu tom diferenciado, no qual a referência é muitas vezes a festa e a dança, o funk carioca levou os seguidores do hip-hop a considerá-lo "alienado", refletindo uma perspectiva menos crítica sobre a condição social e racial de seus adeptos. Nessa linha, o movimento hip-hop passou a negar as produções do funk carioca. Os próprios estudos

---

[3] Assim, poderíamos dizer que apesar de práticas musicais jovens como, por exemplo, o funk, o *reggae* jamaicano e o samba-reggae na Bahia serem construções locais de representações culturais juvenis originariamente anglo-saxãs, não é exato afirmar que esses países seriam o centro dessas culturas juvenis. Como mostra Ari Lima (1998), num contexto global, a música é para os negros um símbolo afro-diaspórico que dispensa centro-periferia. Assim, a despeito dos aspectos etnomusicológicos locais, tais práticas musicais poderiam ter-se originado na Jamaica, em terras anglo-saxãs ou no Brasil.

e análises sobre essas duas manifestações utilizam, de saída, tal diferenciação. Ainda que essa distinção seja importante, pois revela o que os jovens e as jovens que produzem funk ou hip-hop no Brasil pensam sobre as suas próprias práticas, separar o funk do hip-hop apaga certa historicidade negra comum que essas práticas culturais encenam, cada qual à sua maneira.

Em primeiro lugar, como já destaquei, o hip-hop faz parte de uma tradição negra diaspórica, não se reduzindo, apenas, a uma única noção homegeneizante do que venha a ser hip-hop. Segundo Gilroy (2001), as marcas da cultura negra diaspórica são o movimento e a diferença. Nesse sentido, funk carioca é uma ressignificação local dessa cultura hip-hop, assim como é o *reggaeton* em boa parte da America Latina, o *raggamuffin* no Caribe, o *Kuduro* em Angola, etc. Em segundo lugar, essa separação possibilitou um certo apagamento da questão racial nos estudos e na compreensão do funk carioca. Um exemplo desse silenciamento da questão racial é o estudo pioneiro sobre funk carioca de Hermano Vianna (1988).

Chamo a atenção para as reflexões produzidas por esse antropólogo, pois foi tal estudo que, de alguma maneira, forneceu visibilidade para o funk na mídia corporativa em um momento inaugural. Nos anos 1980, entre as oito matérias sobre funk veiculadas em jornais impressos, três tematizam a etnografia de Hermano Vianna. Porém, ainda que o aspecto racial fosse apagado nessa "voz de autoridade", os significados raciais aparecerão, implicitamente, em duas outras matérias dessa mesma época, nos quais o funk é comparado com um outro ritmo negro, considerado uma manifestação legitimamente nacional – o samba.

Antes de destacar tais matérias, vale esclarecer algumas questões sobre a cultura hip-hop. O graffiti, o basquete, o break e o rap (ritmo e poesia) são alguns dos elementos que constituem tal cultura. Porém, o rap (ritmo e poesia), segundo Rose (1994), sempre tivera mais força dentro dessa cultura hip-hop. Não é por acaso que o rap ganhou maior visibilidade e se tornou um dos principais elementos que se disseminou por outras periferias do mundo. Essa forma de "narrar cantando" ou de "cantar narrando" é composta fundamentalmente por dois sujeitos: o mestre de cerimônia, chamado de MC, aquele que canta e improvisa, e o Disk-Jockey, chamado de DJ, que constrói a batida e o ritmo eletrônico do rap.

Nos primeiros anos de existência do funk no Rio de Janeiro, havia poucos MCs de funk carioca. Os MCs entrarão em cena somente nos anos 1990, produzindo músicas em português. Assim, dois foram os sujeitos que adquiriram visibilidade nos anos 1980: os DJs e os dançarinos dos bailes funk. Assim, essas duas matérias desse período destacam esses dois personagens. Uma das matérias veiculadas no Caderno de comportamento do *Jornal da Tribuna* em 13-09-1989 traz o seguinte título: "As batidas do coração suburbano". Na reportagem, o jornalista apresentava aquele que, posteriormente, se tornaria não só um dos mais populares DJs do funk carioca, mas também um dos principais empresários dessa prática musical – DJ Marlboro. No início da matéria, o "baile de balanço" é apresentado como funk e ao mesmo tempo comparado ao samba e ao carnaval nos seguintes termos:

> A voz dos subúrbios já não é mais do samba, agora ela está no vinil. É que há algo além dos pagodes, na Baixada e nos subúrbios. É o **funk**, ou falando em português claro, os bailes de balanço. Só quem já foi a um destes bailes é que sabe a catarse coletiva que uma bateria eletrônica e alguns efeitos sonoros provocam. Na verdade, os bailes são muito parecidos com as nossas festas de carnaval.

A música funk nessa matéria é a arte do DJ, "a bateria eletrônica e os efeitos sonoros". Cabe destacar que o funk tocado nesse período não é o mesmo que, tradicionalmente, é reconhecido por críticos musicais como funk afro-americano. Este último é compreendido por esses mesmos críticos como uma das origens das diversas formas de hip-hop (cf. Vincent, 1995). As músicas selecionadas, tocadas, mixadas e sampleadas por esses DJs cariocas eram fundamentalmente o hip-hop produzido na região da Flórida, nos Estados Unidos, chamado de Miami Base, por exemplo os grupos 2 Live Crew, Gucci Crew e Gigolo Tony. Segundo o estudioso de funk norte-americano Rickey Vincent (1995, p. 279), os raps desses grupos são um tipo de música eletrônica resultante da confluência da batida "quente" e "sensual" do funk afro-americano com a batida também "quente" e "sensual" dos ritmos negros caribenhos. Assim, essa música, ao chegar à terra do samba e do carnaval, parece encontrar um solo fértil para a sua reinvenção e disseminação. Não é por acaso que, em tal reportagem, a matéria-prima do DJ, o vinil, passa a ser ouvida como "a nova voz dos subúrbios"; e a performance dos dançarinos, como "uma catarse" semelhante ao "nosso carnaval."

A outra matéria veiculada no *Jornal do Brasil* em 25-04-1980 tem o sugestivo título "Quem não gosta de 'funk' bom sujeito não é". Digo sugestivo, porque aqui há uma brincadeira intertextual com o título de um famoso samba de Dorival Caymmi produzido nos anos 1960, chamado *Quem não gosta de samba bom sujeito não é*. Ao longo da matéria, é destacado e traçado o perfil dos dançarinos dos bailes, que são tratados como os funkeiros, como mostro nos trechos a seguir.

> Adão, o mestre, tem 21 anos, é ex-contínuo da *Tribuna da Imprensa* e pertence ao Círculo Fechado, grupo de iniciados no funk: "Isto é uma coisa que toca. É a nossa criatividade. O pessoal da zona sul não entende esse som pesado. É coisa que vem desde James Brown." (...)

> Dito isso, Adão mostrou tudo o que sabia dos passos de break, charme, soul e outras variações sobre o mesmo tema. Passos aperfeiçoados nos últimos tempos: Adão é um dançarino desempregado. Ele é também um dos milhares de jovens que fazem a verdadeira catarse coletiva nos fins de semana num dos muitos pontos da cidade onde só se ouve e só se dança funk. (...)
> O adepto do funk, o funkeiro, é de baixo poder aquisitivo, mas fiel. O funk é o que há algum tempo se chamava de soul e que virou notícia há mais de dez anos com o movimento Black (os cabelos afros, os sapatos de plataforma e longos e complicados apertos de mão) (...)
> "O funk é o samba do rock", afirmava um dançarino. Heresia? Se houver alguma possibilidade de se abstrair do som, pode-se notar que quando alguém improvisa fica muito próximo dos passos de um sambista. E a forma de dança, geralmente em fila indiana, fazendo os mesmos gestos e com um jeito de ombros cadenciado, lembra danças tribais africanas, até mesmo o jongo.

O tema dessa matéria é a dança e seus dançarinos – os funkeiros. Vale destacar que, entre as matérias veiculadas nos anos de 1980, essa é a única (e talvez a primeira) que utiliza tal termo. Nela, é traçado o perfil sociológico desse sujeito – jovem de baixo poder aquisitivo, desempregado, que sabe de coisas que as pessoas da zona sul (a parte nobre do Rio de Janeiro) "não entendem".

Como é ressaltado na matéria, o baile funk, que tem início nessa época nos subúrbios, tinha como fonte de inspiração os "bailes da pesada" do Movimento Black Rio, que aconteciam nos anos de 1970 no Canecão. Segundo Vianna (1988), tais bailes atraíam cerca de 5 mil dançarinos de todos os bairros cariocas, da zona sul e da zona norte. Naquele tempo, os dançarinos utilizavam *os cabelos afros e os sapatos de plataforma* – símbolos do estilo e do orgulho negro que foi disseminado pelo movimento afro-

-americano nesse período. Tais bailes deixaram de acontecer no Canecão, quando essa casa passou a ser considerada o palco nobre da Música Popular Brasileira – MPB. Transferidos, então, para os subúrbios, os bailes foram renovados. O estilo Black norte-americano já não prevalecia nos bailes de subúrbios em meados dos anos 1980. Porém isso não quer dizer que os significados raciais não continuassem ali presentes. Tais significados foram reinventados, à medida que os dançarinos (ou os funkeiros) dançavam o som do hip-hop, misturando passos de break com movimentos de outros ritmos negros, considerados nacionais, como o jongo e o samba. Ainda que, nesse momento, não houvesse funk cantado em português, o processo de transformação do hip-hop em funk carioca já começava a acontecer. A "criatividade" de DJs e dançarinos era a marca das festas, na qual a diáspora africana era mais uma vez reencenada com novas misturas e novos elementos.

Por fim, cabe resumir que o funk, nesse período, é veiculado principalmente nos cadernos de cultura e de comportamento de jornais de circulação local e nacional. Nesses textos, o funk é tratado pela mídia corporativa como a "festa" e a "diversão dos subúrbios" desconhecidas pelo público da zona sul. Porém esse discurso vai mudar radicalmente nos anos 1990, quando o funk e o funkeiro serão transformados em notícias constantes nos cadernos policiais desses mesmos jornais, como mostro a seguir.

1.2 2ª CENA: FUNK E ARRASTÃO

Nos anos 1990, o funk torna-se cada vez mais popular, principalmente, entre as camadas mais pobres da população carioca. Multiplicam-se os números de bailes e entram em cena os sujeitos que foram definitivos para a construção da identidade própria desse gênero musical, os MCs. A partir dessa época, o funk começa a ser cantado em português. As letras refletem o dia a dia das favelas e bairros pobres, ou fazem exaltação a elas (muitos desses raps surgiram de concursos de rap promovidos dentro das comunidades, como destacarei no Capítulo 3 deste livro). Nesse momento, o funk começa também a cruzar as fronteiras simbólicas da cidade do Rio de Janeiro, atraindo jovens de classe média para os chamados bailes de comunidade – bailes que acontecem em favelas. O funk passa a ser tocado também em locais da zona sul.

Todavia, junto com a expansão do funk, cresce um racismo inconfessável, na forma de um preconceito musical. Se nos anos 1980, o funk era veiculado em cadernos de cultura e de comportamento dos jornais, nos anos 1990, passará a ocupar, principalmente, os cadernos policiais desses mesmos jornais. Segundo Herschmann (2000, p. 180), o jovem negro da favela ou o funkeiro "vai sendo apresentado à opinião pública como um personagem 'maligno/endemoniado' e, ao mesmo tempo, paradigmático da juventude da favela, vista como revoltada e desesperançada."

Um acontecimento foi crucial para que tal imagem dos funkeiros ganhasse força: os chamados "arrastões" . Vale destacar que esse termo foi o nome dado pela mídia para uma suposta "invasão" de uma das praias mais famosas do Rio de Janeiro por centenas de jovens funkeiros, habitantes de favelas, que, segundo os jornais, só estavam lá para saquear os banhistas de classe média. Como já destaquei, o funk não teve início com o "arrastão", mas esse evento acelerou o seu processo de popularização, arremessando os jovens das favelas para o centro do cenário midiático. Tal evento, amplamente noticiado e estudado por críticos culturais (cf. Herschmann, 2000; Yúdice, 2006; Arce, 1997), tornou-se uma espécie de marco no imaginário coletivo da história do funk e da vida social da cidade.

Pretendo, aqui, destacar um aspecto nas matérias sobre o funk e o arrastão que, de alguma maneira, nos permite compreender como os significados raciais são silenciados e articulados na construção da imagem da cidade do Rio de Janeiro. É interessante notar como essas notícias sobre os funkeiros – considerados o "novo pânico" ou o "novo medo" do Rio de Janeiro – vieram, muitas vezes, acompanhadas de mapas da cidade, que propunham identificar as favelas de proveniência desses jovens e alertar os leitores sobre quais seriam as "áreas de risco" na cidade e nas praias. Destaco, portanto, fragmentos dessas narrativas do discurso jornalístico, que parecem tecer uma espécie de "cartografia do medo", intrinsecamente relacionada com a racialização dos espaços e das identidades jovens na cidade do Rio de Janeiro.

Uma das matérias veiculadas no jornal *Folha de S.Paulo* em 28-03-1992 tem como título "Funkeiros vão às ruas para manter bailes" e trata de um protesto dos funkeiros, no centro da cidade, contra o fechamento de bailes. No entanto o que chama atenção nessa notícia é a confecção de um mapa que indica determinadas localidades, como mostro a seguir.

Esse mapa tem como título "O Cenário Funk: onde acontecem os bailes e os arrastões", e o fio condutor de sua narrativa é uma organização dos espaços da cidade, que delimita e constrói a tríade, funk-favela-arrastão, tão presente no discurso jornalístico da época. Até mesmo o próprio tema da matéria "um protesto público dos funkeiros" é apagado, na medida em que esse evento é localizado e significado como mais um elemento que contribui para a mencionada "cartografia do medo". A legenda, que "faz ler" o mapa, coloca lado a lado os locais dos bailes e dos arrastões e, no centro desses eventos, o local do protesto.

Como mostra De Certeau (2008), os mapas não são reflexos de uma espacialidade exterior, mas são atos de fala que fundam e organizam uma espacialidade com suas possíveis trajetórias. Assim, um mapa "faz ver" os lugares e, nesse movimento, delimita as trajetórias permitidas, em contraposição àquelas que são proibidas. Portanto, parece-me que tal mapa "faz ver" o funk e as favelas para aquele interlocutor que, supostamente, não os conhece. No entanto, esse "fazer ver" vem acompanhado pela indicação de uma trajetória, pois o objetivo dessa cartografia é (in)formar, para esse mesmo interlocutor, a delimitação de certos locais como "proibidos" – onde o perigo do arrastão dos jovens das favelas é sempre iminente.

Essa delimitação fica mais explícita ainda em outro mapa da notícia "Movimento Funk leva desesperança" veiculada no *Jornal do Brasil* em 25-10-1992. Nesse texto, os funkeiros são localizados e comparados com os jovens "caras-pintadas" que "lutaram pelo *impeachment*" do então presidente, Fernando Collor de Mello. Segundo essa matéria, enquanto os jovens "caras-pintadas com as cores da Bandeira Brasileira" encenam um show de democracia pelas ruas do país, os funkeiros, com as suas caras "naturalmente pintadas", são considerados uma juventude sem perspectiva que, como o título da matéria sugere, "leva o Brasil à desesperança". No centro da notícia é apresentado um mapa que mostra "A divisão da areia", como mostro a seguir.

Jornal do Brasil, 25-10-1992/CPDOC JB

Como o próprio título indica, o mapa constrói uma divisão e alerta os leitores sobre as "areias" próximas às favelas, portanto o local que deve ser evitado. Abaixo do mapa, é traçado o perfil do funkeiro. Diferentemente do perfil desse sujeito que, nos anos 1980, aparece implicitamente nos jornais, nos anos 1990, esse perfil começa a ser amplamente enunciado como uma estratégia para criminalizar tanto o funk quanto as favelas. Aqui o funkeiro não é só o jovem desempregado e de baixo poder aquisitivo que aprecia uma prática musical desconhecida pela zona sul, mas o morador de favela que gosta de "enlatados de terror e violência" e tem como heróis "artistas de funk e traficantes das comunidades onde moram" – aqui o paralelismo "artista de funk/traficante" não é por acaso. E, ainda, que são jovens sem "nenhuma ideologia política", mas que, paradoxalmente, têm uma "preferência eleitoral": votam na candidata de oposição do governo da época, Benedita da Silva – mulher negra proveniente do Chapéu Mangueira, uma das favelas localizadas na zona sul da Cidade do Rio de Janeiro, onde acontecia um famoso baile funk.

Esses mapas que delimitam o local desses jovens e significam as suas práticas como um perigo à ordem social trazem à tona o referido racismo inconfessável da cidade carioca. Trata-se de mapas que racializam os espaços, construindo a favela; e suas práticas, como sinônimo de "perigo". Como mostra Blackledge (2006), o processo de racialização tem como característica principal a construção discursiva da desigualdade. Uma vez que a discussão sobre "a raça" como base para a diferenciação entre grupos já não é mais politicamente aceitável, outros termos são frequentemente empregados para marcar determinados sujeitos e práticas como "a diferença." Nesses mapas, a racialização é um processo simbólico de delimitação, de separação e de discriminação do discurso hegemônico, que atribui às favelas e aos sujeitos favelados certas características, situando-os como alienígenas e bárbaros. Nesse discurso, a referência à raça ou a qualquer critério racial não se faz explicitamente.

Vale destacar que esse "silenciamento" carrega uma história. Os significados raciais, por exemplo, sempre foram dissimulados nas representações das favelas e dos favelados não só na literatura sociológica produzida nas décadas de 1950 e 1960, mas também na canção popular. Nessas representações, a favela é sinônimo de pobreza, e ser favelado é sinônimo de ser pobre (Oliveira; Marcier, 2006, p. 81). Ainda que a maior parte dessa população favelada seja negra, os significados raciais estão ali de forma silenciada.

A favela é um território marginalizado construído no interior de uma sociedade fundada no mito da democracia racial. Como mostra Flauzina (2008), tal mito foi utilizado não só para interditar a formação de uma identidade negra no Brasil, mas também para apagar o conflito de raça existente na nação. Um dos vestígios desse conflito seria a segregação espacial, que lançou a população negra para as periferias de todo o país. Nesse sentido, poderíamos entender a favela como resultado de uma divisão racial que, no discurso dessa mídia corporativa, opera de forma silenciosa. Segundo Osmundo Pinho (2003), no contexto brasileiro, o racismo só tem eficácia simbólica por meio de sua dissimulação, uma vez que a exclusão racial foi substituída pela retórica nacional de mestiçagem brasileira. Assim, é possível um racismo sem sujeito (os racistas) e sem objeto (os negros).

Mesmo com as mudanças recentes sobre o pensamento racial no Brasil, a cidade do Rio de Janeiro, que serviu de palco para a invenção da nacionalidade e, logo, da mestiçagem brasileira, reitera continuamente tais silêncios nas leituras que são feitas sobre os territórios dessa cidade: que situam "do lado de cá" a cidade maravilhosa, a terra do samba, das belas praias e do carnaval, e, "do lado de lá", as favelas e seus perigosos sujeitos. O preconceito contra os sujeitos e o "lado de lá" da cidade parece não colocar em xeque o mito da democracia racial. É como se a hierarquização sobre determinados territórios da cidade não ameaçasse o mito da "sociabilidade carioca" que celebra a democracia e indistinção de "classes, cores e culturas". Em uma cidade onde a mistura de raça é simbolicamente (re)atualizada, o discurso hegemônico silencia a referência à distinção de cores, substituindo-a pela distinção do local de origem – isto é, do local onde se mora.

Parece-me, desse modo, que arrastão foi um evento no qual esse racismo inconfessável é reatualizado por meio do mapeamento dos sujeitos e das práticas provenientes das favelas. A presença desses jovens em espaço da zona sul foi visto e significado como arrastão – ou seja, uma ameaça de invasão de certos sujeitos aos espaços que não lhe foram destinados na cartografia social carioca. Ou melhor, trata-se de espaços nos quais esses sujeitos só podem transitar, na medida em que se enquadram numa determinada ordem, na qual a sua posição é sempre subalternizada. Porém o arrastão era exatamente a negação dessa ordem e, logo, dessa posição. Os mapas encenavam, assim, o medo da favela, desenhando um alerta sobre a proximidade das "belas praias" e dos "bairros nobres" com aqueles outros locais – racializados e imaginados como o perigo. Portanto, mais do que uma mera descrição, esses mapas são um chamado que poderia ser legendado da seguinte maneira: "Atenção, leitor, perigo! Jovens favelados e insubordinados por perto!"

Após esse período, "o medo do funk" é continuamente reatualizado. Essa prática musical estará quase sempre relacionada a algum ato ilícito, e seus artistas serão ligados ao chamado "tráfico de drogas". Os títulos de matérias veiculadas nos cadernos policiais dos jornais *O Globo* e *O Dia*, desse período, ilustram essa visão, como mostro a seguir.

"Firma acusada de furtar energia e fazer exorcismo em baile funk"
(*O Dia* 20-08-1993)

"Funkeiros apedrejam ônibus e ferem 3"
(*O Globo*, 10-081993)

"Funk Carioca: de James Brown ao Comando Vermelho"
(*O Dia*, 23-04-1994)

"Funkeiros tentam estupro"
(*O Dia*, 26-08-1994)

"Juiz manda apurar apologia ao tráfico nos bailes funk"
(*O Globo*, 13-06-1995)

"Rap é a nova arma do Comando Vermelho"
(*O Globo*, 11-06-1995)

"Febre Funk já matou 80"
(*O Dia*, 12-09-1996)

Tanto o público quanto os artistas do funk passam a ser definidos como os "inimigos públicos número um" (Herschmann 2000, p. 164). Dito de outro modo, diante da diversidade de ações criminosas cometidas por eles – exorcismo, apologia, estupro, apedrejamento –, esses sujeitos são construídos como a causa para diversos males sociais. O baile funk será sempre ligado a alguma ação criminosa. Curiosamente, esse tipo de associação ocorrerá mesmo se o mencionado crime ocorrer fora do baile funk. Matérias que quantificam o número de mortos e crimes "na saída de bailes funks" serão uma constante não só nos anos 1990, mas também na primeira década dos anos 2000, como mostrarei mais adiante. Por hora, vale destacar uma das matérias veiculadas no jornal *O Globo* em 18-02-1996, intitulada "Três mortos e seis feridos na saída de baile funk".

> Três pessoas morreram e seis ficaram feridas a bala anteontem à noite na saída de um baile **funk** na quadra da Escola de Samba Império Serrano, em Madureira. Testemunhas contaram aos policiais que os tiros foram disparados por três desconhecidos num taxi Chevette, de placa anotada. Os feridos foram socorridos em duas ambulâncias do Corpo de Bombeiros e levados

> para o Hospital Carlos Chagas. (...) Ricardo Rufino, baleado nas costas, morreu no calçadão da Avenida Ministro Edgard Romero, em frente ao numero 33, a menos de 20 metros da cabine do 9º BPM (Rocha Miranda), onde havia apenas um soldado (...). O comandante da 9º BPM (Rocha Miranda), tenente-coronel Cesar Pinto, entregará hoje requerimento ao Comando da Polícia da Capital (CPC) solicitando a interdição dos bailes **funks** da quadra da Império Serrano (*negritos no original*).

Acontecendo ou não o fato no interior do baile funk, são essas as imagens – morte, violência, assassinato – que serão frequentemente associadas ao funk dos subúrbios e das favelas. Note-se que o termo funk é grifado em todo o corpo desse texto jornalístico, como uma maneira de destacar para o seu leitor que não se trata de um assassinato qualquer cometido por "três desconhecidos". Nesse caso, o verdadeiro algoz parece ser o baile funk. Em tais notícias, o funk é um caso de polícia, portanto quem fala sobre ele é sempre uma autoridade policial. Dificilmente, as vozes dos próprios funkeiros compõem esse tipo de trama narrativa. Nessa matéria, a solução para acabar com a violência é enunciada por uma voz policial que, de alguma maneira, sugere que a solução é a eliminação do próprio funk, ou, nos termos do tenente-coronel, "a interdição do baile".

Todavia será a construção jornalística sobre envolvimento do funk com os supostos traficantes que tornará essa prática musical legitimamente criminalizada, após o período do arrastão. Enquanto os seus artistas passam a ser identificados como aqueles que cantam a "apologia ao crime", os bailes estarão, no centro das discussões midiáticas, como uma festa financiada por bandidos. Assim, o funk foi durante esse período construído como parte integrante de um suposto "crime organizado", existente nas favelas cariocas. Segundo Herschmann (2000), após as imagens dos arrastões, esteve em curso na mídia corporativa um processo que colocou os funkeiros ao lado de supostos criminosos, transformando-os em uma espécie de bodes expiatórios para os males sociais.

No entanto, ao fim dos anos 1990, um outro tipo de matéria passará a ser veiculada sobre o funk. Ainda que essa prática musical continue sendo um dos assuntos dos cadernos policiais, ela também começará a aparecer amplamente nos cadernos de cultura e comportamento, quando o funk "vira moda" e passa a ser consumido em academias de ginásticas, boates e clubes localizados em áreas nobres da cidade do Rio de Janeiro. Aqui destaco duas matérias que constroem certa glamorização do funk, que só parece acontecer porque os seus fãs e consumidores são jovens provenientes das elites, como mostro a seguir.

Uma dessas matérias que foi veiculada na revista *Manchete* em 23-12-1995 tem como título "O funk chegou para abalar: sangue bom na classe média". Composta fundamentalmente por relatos de jovens de classe média que "curtem funk" e por fotos desses mesmos jovens – muitos deles de pele branca e cabelos loiros –, a notícia é composta pelos trechos que destaco a seguir.

> Até então confinado aos subúrbios cariocas, o funk rompe os limites dos bairros populares e começa a conquistar **a juventude dourada** da Zona Sul. Mais emergente do que nunca, o ritmo desafia o preconceito e parte para a ofensiva, embalando os bairros nobres e as boates chiques. Como o Rio, inevitavelmente, exporta comportamento, a onda começa a alcançar outras capitais. Com uma estratégia ousada, faz a cabeça de jovens abastados, carentes de Beatles, dos Rolling Stones, do Nirvana, etc. "O funk é a bola da vez. Atravessou as barreiras das favelas e a classe média aderiu. Não dava para esconder cinco mil pessoas dançando no subúrbio", comemora a funkeira sangue bom, Fernanda Abreu. Revistas, programas de rádio,

academias de ginástica e milhares de discos vendidos transformaram o movimento num negócio da China... em plena Zona Sul do Rio de Janeiro. (...)

Apelo à violência ou não, o fato é que o funk está com tudo e atrai milhares de adeptos. Termômetros da moda, as academias de ginástica já malham no ritmo do momento e quase todas contratam professores para ensinar o novo rebolado. "Dou aula de funk há dois anos. Já dei curso até no Uruguai e virou febre por lá", conta o professor, 30 anos, entre um passo e outro na agitada turma da tarde da Equipe 1, que tem em média 35 e 50 alunos.

Fernanda Metne, 18 anos, é uma das que não perde o funk nosso de cada dia na Equipe 1. Joana Marinho, de 16 anos, é outra: "Amo esse ritmo. Sempre escuto. Mas teve época que os meus pais implicavam com os bailes do Chapéu Mangueira." Para não desagradá-los, nem abandonar de vez a curtição, Joana começou a dançar funk nos espaços da Zona Sul (...) (*negritos meus*)

Primeiramente, cabe destacar que "sangue bom" é uma gíria carioca que, provavelmente, é oriunda das favelas e dos subúrbios, mas atualmente é utilizada pela juventude em geral. O "sangue bom" significa aquele sujeito que é "amigo" ou "parceiro". Como o título da matéria sugere, o "sangue bom" não é a juventude favelada, mas "o jovem da classe média". Note-se que o mesmo ritmo, ao ser consumido por essa juventude, passa a ser significado de forma oposta – aqui já não é o som do "inimigo público número um", mas o ritmo da "juventude dourada" da zona sul. Portanto, o funk deixa de ser uma coisa dos "subúrbios" e dos "bairros populares", não importando sequer se ele é (ou não) "um apelo à violência". Quando é consumido por essa "juventude abastada", o funk transforma-se em "negócio da China", pois é a moda de "academias" e de "boates chiques".

Vale destacar também que, diferentemente dos funkeiros das favelas e subúrbios, essa juventude tem "brilho", "gosto" e "voz" nos textos jornalísticos. Não é a instituição policial que fala pelo funk. Muito pelo contrário, são os inúmeros relatos da "juventude dourada" que compõem a matéria. Na fala de uma das jovens, o funk, "o ritmo amado", é amplamente consumido, principalmente nos espaços da zona sul da cidade. Estabelecendo-se uma comparação entre as matérias – tanto aquelas que falam do funk nas favelas e nos subúrbios, quanto essas que tratam do funk da zona sul –, fica implícito que o grande problema não é o gênero musical, funk, mas sim quem o consome. Em outras palavras, o racismo inconfessável, na forma de preconceito musical, dissimula quem é o verdadeiro alvo da discriminação.

Uma outra matéria intitulada "O funk sai do Gueto", veiculada na revista *Veja* em 23-07-1997, também reforça essa visão. A matéria trata especificamente do sucesso e da popularidade da dupla de funk MCs Claudinho e Buchecha. Ainda que esses artistas tenham voz nesse texto, isso parece acontecer porque o público destacado na matéria não é a juventude das favelas e dos subúrbios, bem como o palco onde a performance da dupla acontece já não é mais localizado em favelas ou em subúrbios, mas em espaços da zona sul. Destaco a seguir alguns fragmentos do texto.

> Distante das pelejas tribais, o funk da dupla saiu do gueto, invadiu rádios e ganhou os corações da Zona Sul. Hoje não é nenhuma surpresa encontrar entre os fãs da dupla gente como a atriz Fernanda Rodrigues, 17 anos, a Valéria Bulcão de Zazá, a novela das 8:00h da Globo. Não é só ela que se arrepia com a introdução de "Conquista", o maior sucesso da dupla: "Sabe, Tchu-ru-ru-tchu". "Conquista" toca sem parar nas rádios como a Transamérica. Diariamente, os 35 telefones são entupidos com pedidos de música. "Normalmente, nós tocamos reggae, dance music e rock. Mas nosso filão é o dos sucessos. Claudinho e Buchecha são sucessos, eles tocam num clube de subúrbio como em qualquer loja de shopping de Zona Sul",

explica Maurício Louro, 35 anos, diretor de coordenação artística da rádio.

Fernanda Rodrigues conheceu a dupla por intermédio da irmã mais nova, Isabel, 15 anos. Ouviu e gostou. Foi vê-los ao vivo na Ilha dos Pescadores, bar da Barra da Tijuca, e hoje acredita que é impossível ouvir uma música e ficar triste. "Eles passam um astral muito legal." Nove entre dez craques de futebol adoram a dupla. Gente como Ronaldinho, Djalminha, Romário e Edmundo – os dois últimos citados nos agradecimentos do CD da dupla – levou o som para as concentrações e campos. Edmundo chegou a comemorar gols repetindo os trejeitos dos dois funkeiros. "Gosto de ver alguém sair de baixo e vencer. Para mim, aquilo não é funk, é MPB", diz o temperamental jogador vascaíno. Marcelo Mansur, produtor musical conhecido como "Memê", também não os vê como funkeiros. "Eles são pop e têm um belíssimo futuro esperando por eles. (...)"

Com a agenda abarrotada de compromissos, eles cumprem uma rotina louca que lhes garante fatura mensal superior a 250.000 reais, uns 50.000 para cada um, descontada a grana que fica com o empresário. Vibram com a receptividade – "Nossa vida mudou completamente, somos reconhecidos em qualquer lugar", comemora Claudinho.

Nessa matéria, a favela é construída como "gueto", e o funk, que nele tem lugar, é uma prática bárbara ou primitiva: "uma peleja tribal". Primeiramente, pretendo deter-me um pouco na análise da construção "favela/gueto", uma vez que tal analogia é continuamente disseminada por jornalistas. De acordo com Wacquant (2004), o gueto não é meramente um conceito descritivo, mas um termo que parece servir como um instrumento de controle, de cerceamento, de exclusão e de produção de invisibilidades. Por meio dele, justifica-se determinada racionalidade na qual certos sujeitos são vistos através de uma "subordinação separatista", que não é muito real, em se tratando das favelas ou dos bairros pobres cariocas. Ainda segundo Wacquant (2004), o gueto seria uma espécie de cápsula dentro de centros urbanos dedicada a manter um grupo excluído numa relação de subordinação separatista. Desse modo, o gueto seria revestido de instituições bem-definidas e duplicativas que permitem ao grupo excluído ou isolado reproduzir-se dentro do perímetro espacial para ele estabelecido – como se fosse um tipo de instituição prisional.

Porém os bairros pobres e as favelas da cidade do Rio de Janeiro nunca se configuraram como esse tipo de espaço isolado. Muito pelo contrário, seus sujeitos possuem laços bem definidos tanto com a indústria, quanto com os bairros afluentes, aos quais fornecem serviços domésticos ou caseiros. Desse modo, utilizar o termo *gueto p*ara significar esses locais, mais do que descrever, é, como indica Wacquant (2004), cercear, excluir e, sobretudo, produzir invisibilidades, uma vez que se apaga o papel importante que esses sujeitos têm na construção e na manutenção da cidade como um todo. Essa comparação foi altamente disseminada com o aparecimento do funk para a zona sul e revela muito mais o preconceito das elites, que enxergam os jovens negros e pobres como um "outro" irredutível – proveniente de um local visto como um exterior à cidade –,[4] do que a relação e as trocas efetivamente existentes entre os sujeitos desses espaços.

Favela transformada em gueto e suas práticas significadas como "pelejas tribais" é o tom do discurso da mídia corporativa. Porém, se a favela fosse gueto, as suas músicas não seriam transformadas

---

[4] Caso esses bairros sejam considerados parte integrante da cidade, o Rio de Janeiro só poderá ser visto como uma "Cidade Partida", como indica o título do livro do famoso jornalista carioca Zuenir Ventura (1994). Visões como essa também resultam na proposição de diversas ações políticas, como, por exemplo, a construção de "muros" cercando as favelas localizadas na zona sul do Rio de Janeiro. Tal medida já foi proposta por diversos governos do Estado do Rio de Janeiro, bem como pela recente prefeitura dessa mesma cidade.

(como sempre foram na história dessa cidade, basta lembrar o samba!) nas trilhas sonoras que as elites consumem avidamente. Se a favela fosse gueto, o funk não teria dominado os espaços economicamente mais abastados da cidade e, consequentemente, os MCs Claudinho e Buchecha não embalariam a curtição da juventude que frequenta a Ilha dos Pescadores na Barra da Tijuca e os shoppings da zona sul (todos esses locais de elite), como é destacado nessa matéria.

A associação favela/gueto faz com que a mesma música seja significada de forma tão diferenciada pela mídia corporativa, dependendo do espaço em que ela é executada: "lá" ela é "funk – caso de polícia", "aqui" ela é "música de vencedores, é MPB" – como é destacado no relato do jogador de futebol; ou ainda, "lá" eles são "MCs", "aqui" eles são "cantores de pop" – como relata o produtor musical.

Assim, o funk abre os anos 1990 com o arrastão e fecha esse período sendo anunciado como o gênero de grande popularidade nos espaços zona sul. Ele deixa de ocupar apenas as páginas policiais dos jornais, mas, para que isso aconteça, começa a ser desenhada, implicitamente, uma espécie de divisão no próprio funk: um que é consumido pelas elites e o outro consumido nos bairros pobres e nas favelas. A arquitetura dos textos jornalísticos deixa isso evidente. Tal divisão reencena a forma como são lidas as práticas sociais nos espaços do Rio de Janeiro, onde a favela é racializada como o local do primitivo, da barbárie etc.

Por fim, vale destacar que essa reação da mídia corporativa em relação ao funk nos anos de 1990 parece evidenciar um processo mais amplo de mercantilização ou de criminalização da cultura popular negra. Como mostram alguns estudiosos das manifestações contemporâneas da diáspora africana, essas práticas culturais são vítimas ora de um processo de expropriação, ora de criminalização.

Por um lado, essas manifestações são vulneráveis e estão sempre sujeitas a uma intensa mercantilização, na qual "os estereótipos e as fórmulas processam sem compaixão o material e as experiências que ela produz" (Hall, 2003, p. 341). Por outro lado, tais culturas são sempre vistas com muita desconfiança pelas elites nacionais, que geralmente a colocam num esquema classificatório que as associam com tudo aquilo que é considerado de baixa qualidade, esteticamente pobre e politicamente alienável.

1.3 3ª CENA: FUNK, SEXO E TRÁFICO

Apesar de todo o processo de criminalização da mídia corporativa, o funk, nos anos 2000, passa a ser reconhecido como um ritmo legitimamente carioca ou nacional. A indústria cultural funkeira – ou seja, os programas de rádio e de TV – bem como as casas de shows dedicadas ao funk crescem. Ademais, nesse período, o ritmo do funk passará por algumas alterações e novos atores entrarão em cena. A forma/conteúdo do funk assumirá um caráter mais sensual, e muitas mulheres começarão a ocupar os palcos do mundo funk, como MCs e dançarinas.[5]

Na primeira década dos anos 2000, o funk continuará a ser uma grande pauta ora de jornais locais, ora de jornais de circulação nacional. Como destaca Herschmann (2005), esse processo de estigmatização do funk foi, paradoxalmente, acompanhado por certa forma de glamorização dessa prática musical. O mesmo discurso que criminaliza é aquele que exalta. Assim, o funk também será tratado como uma prática exótica, que tomou conta dos espa-

---
[5] O crescimento da indústria funkeira e a "erotização" dessa prática musical serão discutidos, respectivamente, nos Capítulos 3 e 4.

ços da cidade e que virou a "cara do Rio de Janeiro" (para a tristeza de muitos). O funk e seus artistas ganharão mais e mais espaço em revistas, programas de rádio de TV.

Desse modo, não é por acaso que o funk ocupará a capa de um dos jornais mais importantes do Rio de Janeiro, quando um famoso DJ de funk será responsável por um dos palcos de uma das festas mais famosas da cidade – o réveillon da praia de Copacabana. Nessa mesma onda de glamorização, documentários e livros sobre o funk produzidos por jornalistas e intelectuais acadêmicos também serão notícias de jornal.[6] Além disso, nesse período, o funk vira trilha sonora de personagens de novela da Globo,[7] bem como de filmes nacionais que atingem popularidade internacional.[8]

Porém, será o outro lado desse mesmo discurso aquele que ganhará grande relevância na mídia corporativa. O funk começará a primeira década do século envolvido em uma série de escândalos. Essa prática musical será responsabilizada pela gravidez de adolescentes, pela disseminação do vírus HIV entre jovens, como também será o palco da morte do jornalista da Rede Globo, Tim Lopes. Seus artistas serão divididos e classificados entre aqueles que cantam o "funk do bem" e os que cantam o "funk do mal" – músicas chamadas de "proibidões" que fariam apologia ao tráfico. E, por fim, o funk fechará a primeira década do século como sendo o

---

[6] Por exemplo, o documentário *Sou feia, mas tô na moda* (2005), de Denise Garcia.

[7] Músicas da MC Tati Quebra-Barraco e da dupla de MCs Amilkar e Chocolate foram temas de uma personagem jovem branca e burguesa da novela *América* que, à revelia dos pais, começa a frequentar os bailes funk de comunidade, bem como a se vestir como uma funkeira.

[8] Vale destacar como exemplo dois filmes, *Cidade de Deus* (2002), dirigido por Fernando Meirelles e Kátia Lund, e *Tropa de Elite* (2007), dirigido por José Padilha. Não posso deixar de comentar que essas narrativas cinematográficas possuem uma visão muito semelhante à da mídia corporativa no que diz respeito à favela e aos bailes funk que lá acontecem: tais espaços são retratados como o lugar do perigo, do crime e da barbárie.

palco das transgressões de ídolos nacionais – famosos jogadores do futebol brasileiro.

Pretendo enfatizar, nesta Cena 3, dois momentos: o início da primeira década de 2000, em que o funk ganhará grande projeção por uma suposta ligação com a prostituição de menores, que culminará com essa prática musical, sendo o palco da morte do jornalista da Globo Tim Lopes. E, concomitante a isso, a ampliação do argumento de que o funk seria sinônimo de tráfico, ou, pelo menos, uma parte do funk, chamado pela mídia corporativa de "funk do mal". Esse ponto de vista terá como o ponto máximo a criminalização de ídolos do futebol brasileiro por frequentarem bailes funk, localizados em favelas.

Desse modo, vale destacar, primeiramente, alguns fragmentos de duas matérias. Uma delas, intitulada "Grávidas do Funk preocupam prefeitura", veiculada no jornal *Folha de S.Paulo* em 09/03/2001, e a outra veiculada no jornal *O Dia* em 08/03/2001, com o seguinte título: "Dança do sexo nos bailes funk."

'Grávidas do funk' preocupam prefeitura

Secretaria da Saúde denuncia caso de meninas que afirmam ter engravidado depois de manter relações sexuais em bailes

A Secretaria Municipal de Saúde do Rio está denunciando casos de meninas que afirmam ter engravidado depois de manter relações sexuais dentro de bailes funk. O mais grave, segundo a secretaria, é que as meninas nem sabem quem são os pais de seus filhos.

"A história é gravíssima e nos preocupa. Se for uma prática constante, a possibilidade de gravidez indesejada e de transmissão de doenças sexualmente transmissíveis, além da Aids, é uma coisa fantástica", afirma o secretário Sérgio Arouca.

O alerta foi dado na Secretaria de Saúde depois que M., com idade inferior a 14 anos e portadora do vírus HIV, disse ter engravidado num desses bailes, em janeiro. "A secretaria trabalha com fatos-sentinela", explica o secretário Arouca. "Quando aparece um caso assim, ficamos em alerta. Para mim, é um caso de saúde pública e está sendo tratado como tal. Mas não podemos ter atitude repressiva. Temos que trabalhar na prevenção."

Embora a secretaria afirme que existem outros casos, não revela os nomes das meninas, suas idades e as comunidades onde moram, por temer que, se expostas, elas não façam o pré-natal.

Pessoas que frequentam os bailes negam que haja relações sexuais públicas durante a festa. "Eu vou a muitos bailes, mas nunca vi ou ouvi isso. Costumo frequentar os bailes de Austin e de Olinda com minhas amigas", diz Jaqueline Amarante, 16, grávida de sete meses.

Folha de S.Paulo (09-03-2001)

Dança do sexo nos bailes funk

Secretaria de Saúde revela que adolescentes estão engravidando e pegando doenças em novo trenzinho do funk

Depois de brigas e *strip-tease*, só mesmo o sexo no meio dos salões de bailes funk poderia surpreender; é isso que está acontecendo. O secretário municipal de Saúde, Sérgio Arouca, revelou que está aumentado o número de jovens grávidas que têm chegado aos posto de saúde municipais contando a mesma história: vão aos bailes de saia, sem calcinha, e mantêm relações sexuais com os meninos enquanto dançam em fila indiana, formando um trenzinho, ou sentada no colo dos rapazes, fazendo a chamada dança das cadeiras.

As adolescentes estariam sendo dominadas dentro dos salões. "Pelo que estamos vendo, é uma ação imperativa. A menina que não se submete acaba ficando de fora da turma", conta o secretário. O pior é que as meninas não sabem quem é o pai da criança que esperam, porque mantêm relações com vários rapazes durante o baile e não sabem qual deles foi responsável pela gravidez.

O Dia (08-03-2001)

Ambas as matérias veiculam a mesma denúncia – a de que meninas estariam engravidando em bailes funk. Porém, não se trata de qualquer baile funk, mas daqueles que acontecem nos bairros mais populares da cidade, como é destacado, na voz de uma frequentadora, ao fim da matéria da *Folha de S.Paulo* – bailes em "Austin e em Olinda".

Primeiramente, vale destacar os títulos das referidas matérias. A expressão "Grávidas do funk" que compõe o título da matéria da *Folha de S.Paulo*, pode ser lida como um tipo de processo linguístico, muito utilizado no discurso jornalístico, chamado por Fairclough (2001) de "nominalização". Segundo esse linguista, tal estratégia textual/discursiva é um tipo de conversão de "processos em nomes" – o tempo, o agente e o paciente não são explicitados (id., ibid., p. 227). Trata-se de uma estratégia que "coisifica", ou melhor, transforma atividades e ações em estados ou em coisas. Já que o objetivo da matéria não parece ser uma problematização da gravidez precoce de adolescentes, mas a construção de uma culpabilização do próprio funk por tal processo, não caberia, no título, enfatizar o tempo ou agentes efetivos, mas transformar as adolescentes e o próprio funk em um estado generalizado – as grávidas do funk. Ainda que ao longo da matéria apareçam vozes de adolescentes contestando a visão do Secretário Municipal de Saúde – representada amplamente ao longo de todo o texto jornalístico –, tais vozes parecem não ter muita legitimidade, uma vez que são representadas por uma personagem adolescente de "16 anos e grávida de sete meses".

No jornal *O Dia,* a estratégia textual utilizada no título é semelhante, "A dança do sexo nos bailes funk". Porém aqui se enfatiza um tipo de diversão que ocorreria no interior dos bailes funk, como sendo o responsável pela gravidez na adolescência e pela transmissão de doenças sexualmente transmissíveis. O texto da matéria começa com um enunciado retrospectivo, no qual se pontua uma série de outras ações que definiriam os salões dos bailes funk, ao longo de sua história: "depois de briga e *strip-tease*, só mesmo o sexo". Observe-se que as matérias não apontam locais onde esses eventos aconteceriam, tampouco quem seria esse grande contingente de jovens que estariam ficando grávidas ou contraindo doenças sexualmente transmissíveis. Além disso, na voz do próprio secretário, houve apenas um caso transformado em "fato-sentinela", que para a mídia é o suficiente para a acusação, como fica explícito no subtítulo: "Secretaria de Saúde revela que adolescentes estão engravidando e pegando doenças em novo 'trenzinho' do funk."

Relações com os mais variados tipos de crime – assim foi caracterizado o funk realizado em favelas e bairros pobres. Esse parecia ser o local ideal para a construção do cenário da morte do jornalista da Rede Globo de TV, em 2002. Amplamente noticiado pela mídia corporativa e motivo para a criação de uma grande comoção nacional, o caso Tim Lopes trouxe, assim como "o arrastão", o baile funk para o centro das discussões midiáticas.

Em 4 de junho de 2002, é noticiado no *Jornal Nacional* da Rede Globo de Televisão o desaparecimento do jornalista Tim Lopes, na favela da Vila Cruzeiro, na Penha. Segundo informações do próprio jornal, o repórter estaria atendendo o pedido de moradores da favela que, indignados mas temerosos de represálias, teriam telefonado para a Rede Globo, denunciando a realização de bailes funk com shows de sexo ao vivo, protagonizados por adolescentes e farto consumo de drogas, sob o patrocínio dos traficantes locais. O repórter teria ido à favela três vezes. Ao retornar, dia 2 de junho, para documentar o baile com uma microcâmera, teria desaparecido no próprio baile.

Não demorou muito para que a notícia sobre os responsáveis pelo crime fosse veiculada. Cinco dias após o desaparecimento do jornalista, o *Jornal Nacional* apresentava as testemunhas que confirmavam que Tim Lopes teria sido morto e torturado pelo chefe do tráfico local, Elias Maluco. Imagens das favelas e de adolescentes utilizando drogas e portando armas misturavam-se com a denúncia da morte de Tim Lopes. Além disso, eram recuperadas as notícias que previamente foram veiculadas sobre a suposta "epidemia de HIV" e a de gravidez que vitimavam adolescentes na dança do trenzinho do funk. Tudo veiculado com grande comoção. Homenagens e passeatas "da paz" compuseram as notícias do caso. Com apoio e respaldo das entidades sindicais, tanto a de jornalistas profissionais do Município do Rio de Janeiro, quanto da Federação Nacional dos Jornalistas (Fenaj), o caso Tim Lopes passou a ser tratado não só como um crime bárbaro, mas principalmente como um atentado ao jornalismo investigativo e à liberdade de expressão. Vale destacar uma das primeiras notas que aparecem nos jornais, quando é noticiado pelo jornal *O Globo* em 04-06-2002 o desaparecimento do referido jornalista.

> **Jornalista desaparecido em investigação de baile funk**
>
> O repórter Tim Lopes, de 51 anos, está desaparecido desde domingo à noite. Há duas semanas a Rede Globo recebeu uma denúncia, que era mais um pedido de socorro, de moradores de favelas do bairro da Penha, no subúrbio do Rio. Eles diziam que na Vila Cruzeiro os traficantes promovem um baile funk com venda, consumo de drogas e shows de sexo explícito com menores. Os moradores disseram que já tinham pedido ajuda à polícia. Tim Lopes começou o trabalho no início da semana passada. Ele foi à favela quatro vezes. A última no domingo, quando desapareceu. Tim está na Rede Globo há seis anos, depois de trabalhar nos jornais *O Globo*, *O Dia* e *Jornal do Brasil*. A polícia até agora não tem nenhuma informação confirmada sobre o que aconteceu com o jornalista. Ontem à tarde, uma equipe da polícia encontrou, no alto do morro, um corpo

> carbonizado, que foi levado para análise no Instituto Carlos Éboli. O resultado da perícia deve ser divulgado em uma semana. A organização Repórteres Sem Fronteiras, com sede em Paris, manifestou hoje preocupação com o caso e pediu que se esclareçam as circunstâncias do desaparecimento de Tim Lopes. A Associação Nacional de Jornais declarou que o fato é muito grave por ter acontecido no exercício da profissão. E que é mais um atentado à liberdade de imprensa. A Associação Brasileira de Imprensa e o Sindicato dos Jornalistas do Rio divulgaram protesto em que cobram do governo do Rio de Janeiro coragem para enfrentar os estados paralelos que transformam em reféns os moradores da cidade. E exigem o esclarecimento do que aconteceu com Tim Lopes e a punição dos culpados.

Assim como é enunciado no título, "desaparecimento do jornalista em baile funk", o crime contra o repórter foi, ao longo da construção midiática do caso, associado ao baile funk. A Rede Globo foi retratada como uma espécie de salvadora da pátria, pois é ela que vai atender o "pedido de socorro" dos moradores, uma vez que o Estado – a polícia – não o fez. Nesse percurso, não só o jornalista sofrerá um atentado – vítima de um crime hediondo –, mas também a própria Globo e a corporação jornalística como um todo serão vítimas de um atentado à liberdade de imprensa.

Desse modo, ainda que o caso Tim Lopes tenha sido fomentador de diálogo e da união da corporação jornalística, não serão apresentados pela mídia corporativa questionamentos, análises ou mesmo outras versões para o mesmo caso. Não é apresentado, por exemplo, um debate sobre o papel do jornalismo investigativo, a ética que envolve tal profissão na utilização de câmeras escondidas ou a questão da necessidade da proteção dos jornalistas na investigação desses casos. Tudo isso é suprimido e os algozes tornam-se alvos tão fáceis: os bandidos favelados. E, nessa construção, a cena ideal para o ato criminoso é óbvia: o local de diversão da população mais carente – o baile funk.

A única versão que perpassará todo o caso e alimentará certa comoção nacional é a que não analisa; apenas repete estereótipos e clama por justiça – que, nesse caso, é sinônimo de localização dos culpados e de sua respectiva punição. Aqui vale lembrar o que nos ensina Nilo Batista (2002) sobre uma solidariedade entre a mídia corporativa e o sistema penal, absolutamente funcional ao neoliberalismo: a forma escolhida para a exposição dos crimes produz uma histeria punitiva que, cada vez mais, vende jornal e adiciona lenha à fogueira inquisitorial daquilo que Loïc Wacquant (2000) chamou de Estado penal, a substituir o Estado do bem-estar, incompatível com a lógica neoliberal.

Ao tratar de questões criminais, nada é analisado, pois interessa encontrar os culpados – quase sempre os sujeitos mais vulneráveis da sociedade. A mídia adota um comportamento positivista clássico: o "mal" é individualizado na figura do bandido ou generalizado na figura de moradores da periferia. "A pena transforma-se em recurso epistemológico para compreensão do mundo" (Batista, 2002, p. 271). No reino neoliberal, "só o indivíduo pode ser responsável por estar na penitenciária" (id., ibid., p. 272).

Por essa via, fica fácil compreender o silenciamento sobre algumas questões que foram apresentadas no ano de 2003, no livro *Dossiê Tim Lopes: Fantástico/Ibope* do jornalista Mário Augusto Jakobskind. Sem espaço de divulgação em qualquer caderno de cultura dos jornais de grande circulação nacional, o livro do referido jornalista apresenta outra versão para o mesmo caso, que foi completamente apagada pela mídia corporativa. Aqui vale destacar alguns aspectos dessa outra versão sobre o caso Tim Lopes que estão diretamente relacionados à criminalização das favelas, logo com a criminalização do próprio funk.

Em tal livro, o jornalista apresenta testemunhos de moradores da favela. Segundo eles, dificilmente qualquer habitante de uma favela pediria socorro à Rede Globo. Nos termos do próprio jornalista,

> Vários integrantes de associações de moradores de favelas foram consultados para responderem à pergunta se consideravam válido o argumento da TV Globo de que alguma comunidade apelaria para a emissora em caso de dificuldade como a do baile funk. Rumba Gabriel, morador da favela do Jacarezinho e coordenador-executivo do Movimento Popular de Favelas (MPF), da mesma forma que Iara Regina Silva Oliveira, do grupo Alfazenda e coordenadora-executiva do Projeto Cidade de Deus, e Isis Coimbra, coordenadora de Projetos MPF, foram unânimes em garantir que não é habito dos que vivem nestas áreas pedir ajuda à TV Globo em caso de dificuldade. Segundo Rumba Gabriel, "os favelados não confiam na Globo, porque sabem perfeitamente que a emissora tem por hábito manipular e deturpar informações, ajudando a disseminar estereótipos contra nós. Por isso não acredito nessa história de baile funk. Num caso como esse, os próprios moradores tentariam resolver de uma ou de outra forma a questão. A TV Globo só é chamada, e isso quando é chamada, para mostrar alguma obra comunitária para ser inaugurada, mesmo assim com restrições" (Jakobskind, 2003, p. 75).

Fundamentado por esses e outros argumentos, o jornalista destaca que Tim Lopes não teria na época de seu assassinato uma "pauta" sobre baile funk. Segundo a versão de Jakobskind (2003), Tim Lopes encontrava-se de férias quando foi convocado pela Rede Globo de Televisão para cobrir uma matéria sobre venda de drogas naquela favela. Porém tal reportagem nunca poderia ter sido entregue a Tim Lopes, ainda mais que esse jornalista não possuía nenhum tipo de proteção. Como destaca Jakobskind (2003), Tim Lopes adquirira, alguns meses antes de sua morte, grande visibilidade pública, quando produziu uma série de reportagens sobre a "feira de drogas" nas favelas cariocas, ganhando o Prêmio Esso de jornalismo por tal matéria e tendo o seu rosto estampado em todos os canais de TV. Nesse sentido, considerando outras vozes e fazendo uma análise mais ampla sobre o papel do jornalismo investigativo, Jakobskind (2003, p. 95) coloca a seguinte questão como o título de um dos capítulos de seu livro: "Quem matou Tim Lopes?". Esse autor chama a atenção para o perigo dessa mídia sensacionalista "que está sempre em busca da grande notícia – que atrai o leitor, o ouvinte ou o telespectador –, não importa a troco de quê" (id., ibid., p. 95).

Parece-me, então, que a mídia não problematizou, tampouco tratou com a devida seriedade e honestidade a morte de Tim Lopes, mas só com uma suposta "verdade" – aquela ligada ao pensamento único que frequentemente é vendido pela mídia como "A História" de um crime sensacional, na qual bandidos e mocinhos são quase sempre os mesmos. O caso Tim Lopes foi mais uma narrativa da mídia que explica a violência urbana de forma maniqueísta, situando os pobres sempre "do lado de lá" dessa dicotomia. Assim, qualquer atividade "do lado de lá" é suspeita – o baile funk é mais uma vez utilizado como mote, cenário e justificativa para câmeras, vigilância e punição sobre aqueles que "vivem a céu aberto, ao contrário das classes média e alta" (Thompson, 2000, p. 244).

Por fim, vale destacar um outro argumento contraditório que aparecerá ao longo desses textos jornalísticos. Como já mencionei, a violência cometida contra Tim Lopes também foi entendida pelos jornalistas como um atentado à liberdade de expressão. Uma série de protestos contra o desrespeito do "poder paralelo" das favelas à liberdade de imprensa foi veiculada em jornais da época.

É curioso notar que aqueles que desrespeitam os "jornalistas de bem" são compreendidos como um "poder paralelo" ou um "Estado paralelo" – considerando isso, como exigir desses mesmos sujeitos respeito aos postulados de um Estado do qual eles não fazem parte, pois são exteriores, são paralelos? Ademais, esses mesmos jornalistas que reivindicam o direito de liberdade de expressão, em um momento posterior, vão reforçar a ideia de que muitas coisas não devem ser ditas, ou melhor, que dizer certas coisas é um crime de apologia. Nesse sentido, parece-me evidente que a liberdade de expressão varia de acordo com quem fala, sobre o quê e para quem se fala.

Em 2005, alguns MCs do funk tornam-se notícias não por sua arte, mas por um suposto crime, assim como, nos anos de 1990, na primeira década deste novo milênio, os artistas de funk são acusados de cantarem músicas que fazem apologia ao crime e ao criminoso. Mais uma vez também são acentuados os sentidos que ligam o funk das favelas diretamente ao tráfico de drogas. Aqui vale a pena destacar alguns títulos e subtítulos dos jornais.

Reação da Lei
Polícia Civil indicia 12 MCs por tráfico.
Em letras de funks do mal, há até promessas de destruir
Caveirão, blindado da PM
(*O Dia*, 30-09-2005)

Funkeiros são acusados de exaltar tráfico
Batidão Proibido: Músicas exaltam o consumo de drogas e
atos criminosos
(*Folha de S.Paulo*, 04-10-2005)

Ligações Perigosas: voz em funks proibidos é de MC preso
Perícia confirma que Colibri e 13 cantores interpretam
músicas de apologia ao tráfico
(*O Dia*, 26-05-2006)

Nesse período, não só o funk, mas os seus próprios artistas são criminalizados. Trata-se de MCs que cantam "funk do mal", como é explicitado no título de 30-09-2005 do jornal *O Dia*. Não é por um acaso que nesse momento será ampliada e disseminada a relação entre funkeiro e traficante, mais especificamente a relação entre o funk que acontece nas favelas e o traficante. No fechamento da primeira década deste novo milênio, esse imaginário servirá de fonte de inspiração para a construção midiática de alguns escândalos envolvendo jogadores de futebol.

Ao final do mês de março de 2010, é representado na mídia corporativa um grande escândalo: dois famosos jogadores de futebol são "flagrados" divertindo-se em bailes funk que acontecem em favelas do Rio de Janeiro. Vale destacar alguns trechos de uma das matérias sobre tais "flagrantes" que foi capa da revista *Veja Rio*, veiculada em 24-03-2010.

LIGAÇÕES PERIGOSAS
Dois episódios envolvendo os jogadores Vagner Love e Adriano, do Flamengo, mostram a arriscada e irresponsável proximidade dos craques cariocas com o tráfico de drogas

Fora do campo, longe da alegria dos estádios, a semana passada foi marcada por duas relações estarrecedoras envolvendo a proximidade de dois dos maiores ídolos do futebol carioca com o tráfico de drogas. No domingo (14), o programa *Fantástico*, da Rede Globo, exibiu um vídeo que **flagrava** o jogador Vagner Love, do Flamengo, chegando a um baile funk da Rocinha escoltado por bandidos. Ao lado do craque, marginais exibiam com desenvoltura armas como fuzis (...). Dois dias depois, uma bomba: o jornal *O Dia* **flagrou** uma transação suspeitíssima protagonizada pelo companheiro de Love no ataque do clube da Gávea, Adriano. Ídolo rubro-negro, o Imperador comprou uma motocicleta Honda Hornet preta, de 600 cilindradas (...) e registrou no bólido o nome de Marlene Pereira de Souza, uma senhora de 64 anos que nem sequer tem carteira de habilitação. Moradora da Chatuba, um dos morros do Complexo do Alemão, Marlene é a mãe de Paulo Rogério de Souza Paz, o Mica, de 32 anos, chefe do tráfico naquela área da cidade e amigo próximo do atleta. A Chatuba, não por coincidência, já havia alcançado súbita notoriedade na semana anterior, quando Adriano e sua namorada, Joana Machado, protagonizaram uma briga fenomenal às portas de um baile funk local. O **traficante Mica, um dos homens mais procurados do Rio de Janeir**o, contra o qual existem sete mandatos de prisão, era um dos anfitriões da balada. (...)

O Comando do Flamengo preferiu fazer vista grossa, justificando tal comportamento como inevitável. "Não temos como proibir que eles voltem ao lugar de onde vieram" diz Michel Assef Filho, advogado do clube. E os envolvidos, mostrando todo o seu raciocínio distorcido, sentiram-se injustiçados. Em sua única entrevista Vagner Love disse à reportagem da TV Globo que considera normal andar ao lado de traficantes armados até os dentes. "Já perdi muitos amigos na criminalidade, mas nunca usei drogas. Não vou deixar as minhas origens e as minhas raízes", afirmou o jogador do Flamengo.

(...) Pois é possível estar próximo aos seus sem frequentar **festas de bandidos** e nem pedir favores a marginais. Na posição de atleta consagrado, dá para fazer melhor: tentar influenciar a seguir o seu caminho, e não dos bandidos. É o que faz o lateral direito Cafu, capitão da Seleção Brasileira de Futebol campeã na Copa 2002. Craque dentro e fora de campo, ele mantém um **projeto assistencial** no paupérrimo bairro Jardim Irene, na Periferia de São Paulo, onde passou toda a sua infância (*negritos meus*).

Ao longo desse fragmento de texto, destaquei o termo "flagrado", pois a sua recorrência parece-me muito significativa: é como se estar num baile funk, ser amigo de uma pessoa da favela ou simplesmente estar em uma delas fosse por si só uma atitude ilícita ou, no mínimo, suspeita. Mais uma vez o suposto "flagrante", transformado em escândalo, reforça a ideia de que o funk, quando relacionado à favela, é sempre um distúrbio da ordem, "uma festa de bandidos", e nunca uma diversão de jovens e adolescentes. Aliás não só o funk, mas qualquer pessoa ou prática ligadas às favelas sempre serão vistas com desconfiança, uma vez que a favela é construída no discurso hegemônico (o mesmo que constitui os textos da mídia corporativa) como o lugar do mal, do perigo e da barbárie. Segundo Zaluar (2006, p. 308), há uma representação hegemônica de que a favela, como meio marginal, é capaz de produzir bandidos, uma vez que o mero contato com estas acaba transformando o comportamento de pessoas inocentes, devido às más influências. Assim, a ligação com a favela é vista e intitulada como "Ligações Perigosas" – essa é a expressão da ideia do contágio, da poluição (Douglas, 1996) produzida por esse meio considerado marginal. A favela é um perigo, consequentemente é um lugar propenso a contaminar aqueles que nela estão envolvidos.

No entanto, na narrativa da mídia corporativa, parece-me que a contaminação depende não só do contato que se tem com a favela, mas também do tipo de relação que com ela é estabelecido. Já que os jogadores são provenientes das favelas, eles até podem ter contato com tais locais, desde que não se comportem como sujeitos da favela, mas como uma espécie de "estrangeiro", ou seja, como aquele sujeito que vem de fora trazendo para aquele lugar a "salvação". É essa lógica que pauta a relação, construída como exemplar, de um outro jogador de futebol, que também é de origem pobre – "o lateral-direito Cafu". Tal jogador continua mantendo relações com o "bairro paupérrimo" onde nasceu, mas apenas como um sujeito que possui "projetos assistenciais" naquele local. Assim, temos por um lado as "ligações perigosas" que contaminam Vagner Love e Adriano; e, por outro lado, as "ligações civilizadoras" que purificam tanto Cafu, quanto o seu local de origem.

Esse ideário de que tudo aquilo que é da favela polui é, perversamente, reificado através de um constante processo de estigmatização e criminalização de seus sujeitos e práticas. Assim, o funk da favela é "festa de bandidos", e o amigo do jogador Adriano é "traficante, um dos homens mais procurados do Rio de Janeiro". Aqui vale fazer uma breve observação sobre o termo "traficante" – palavra utilizada para designar uma grande classe de sujeitos perigosos – continuamente estampado nas manchetes dos jornais da mídia corporativa. Para o escritor e delegado Orlando Zaccone (2007) esses sujeitos chamados de "traficantes de drogas do Rio de Janeiro" deveriam ser designados como "acionistas do nada". Isto é, trata-se de sujeitos pretos, pobres e favelados que ocupam o ponto final do comércio das drogas proibidas e "ficam tão somente com uma parcela ínfima dos lucros auferidos no negócio, parcela essa que nunca os levará a possuir a participação real nas empresas que atuam no mercado ilegal de drogas" (id., ibid., p. 23). Em outras palavras, essa grande classe de sujeitos perigosos, os traficantes, são os sujeitos mais vulneráveis socialmente, tanto fora, quanto dentro do mercado varejista de drogas ilegais. Nesse sentido, a significação desse sujeito como um "perigoso traficante" e a sua respectiva punição não é arbitrária, mas seletiva, ou seja, a punição "se orienta pelos padrões de vulnerabilidade dos candidatos à criminalização, que, nesse caso, são as empresas mais débeis, presas fáceis de extorsão e, na cidade do Rio de Janeiro, são representadas pelo tríade PRETO-POBRE-FAVELA" (id., ibid., p. 24).

* * *

Ao longo de três décadas, o funk carioca consumido na favela vai sendo construído como sinônimo de crime. Tal construção deixa evidente que o preconceito contra o funk se insere num processo mais amplo de estigmatização das favelas e de seus sujeitos. Para alguns funkeiros, esse preconceito será a causa para a transformação do funk em um movimento político de luta contra a criminalização das favelas e suas práticas, como mostrarei no próximo Capítulo.

CAPÍTULO 2

FUNK: UMA CULTURA, UMA LINGUAGEM, UMA FORÇA

Pra que discutir com madame?

Madame diz que a raça não melhora
Que a vida piora por causa do **funk**,
Madame diz que **o funk** tem pecado
Que o **funk** é coitado e devia acabar,
Madame diz que o **funk** tem cachaça,
mistura de raça, mistura de cor,
Madame diz que o **funk** é democrata,
é música barata sem nenhum valor.

Vamos acabar com o **funk**,
madame não gosta que ninguém **funk**
Vive dizendo que **funk** é vexame
Pra que discutir com madame?
(....)
(*Pra que discutir com madame?*, Haroldo Barbosa e Janet de Almeida, adaptado)

2.1 No dia em que o Parlamento cantou...

Naquela manhã, muitos jovens, em sua grande maioria habitantes de inúmeras favelas, entravam pela primeira vez na Assembleia Legislativa do Estado do Rio de Janeiro – Alerj. Como a maior parte dos brasileiros, esses jovens não entendiam as funções e as obrigações daquela casa, mas sabiam exatamente o que iriam fazer ali: defender o funk.

O funk não é uma novidade para a Alerj. Aliás, nenhum outro gênero, nos últimos 13 anos, foi objeto de tantas leis ali sancionadas. Visto e ouvido como um ritmo maldito pela mídia e pelos setores da classe média e elites, o funk foi frequentemente tratado no ordenamento jurídico como um caso de polícia ou uma questão de segurança pública. A novidade, portanto, não era "o funk na Alerj", mas sim a organização de uma audiência, cuja plenária era composta pela massa funkeira. Tratava-se de um dia histórico, pois a Alerj recebia sujeitos que lhe pareciam, até então, invisíveis. Ali, estavam MCs, DJs, produtores e empresários do funk. Aqueles para quem o funk é sobretudo uma forma de trabalho.

Naquela manhã, as esferas artística e política habitavam o mesmo espaço físico e simbólico. Não estavam em jogo valores estéticos universais e transcendentais, mas questões muito locais. Era o momento de reconhecer o tratamento diferenciado e desigual que é dado às manifestações culturais das classes populares em contraste àquelas de determinada elite. Enquanto estas últimas são concebidas como paradigmas estéticos de arte, a cultura popular tem de lutar para ser legitimada. Uma prova dessa batalha foi a organização de uma audiência pública, que buscava debater uma lei estadual na qual o funk seria reconhecido como uma das maiores manifestações culturais da cidade do Rio de Janeiro.

A mesa da Assembleia, presidida pelo deputado Marcelo Freixo do PSOL (Partido Socialismo e Liberdade), contava com a presença de dois artistas, dois intelectuais e dois representantes do Estado. Já de início, o presidente ressaltara que não foi por acaso a ausência de qualquer órgão de segurança pública naquela mesa. Estavam presentes, apenas, os representantes de cultura e de educação do Rio de Janeiro.

Dois acadêmicos foram convidados para compor a mesa: Hermano Vianna e Adriana Facina. Abrindo mão de qualquer visão que possa atribuir ao conhecimento um ponto de vista neutro sobre os "fatos" investigados, ambos construíam e expunham ali, cada um à sua maneira, as suas pesquisas como uma forma de intervir nesse mundo funk. Se, no fim da década de 1980, Hermano Vianna dera visibilidade ao mundo funk como uma das principais formas de lazer da juventude suburbana e favelada, nos fins da década de 2000, Adriana Facina reiterava com outras vozes do funk o caráter político de tal manifestação, fazendo com que o funk passasse a ser respeitado por movimentos e militantes de esquerda.

No parlamento de uma cidade conhecida por celebrar uma suposta democracia racial e social, esses intelectuais acionavam atos de fala que colocavam em xeque tal imagem. Na fala de Vianna ecoavam outras vozes que, ao longo de trinta anos de história do funk no Rio de Janeiro, pediram socorro, mas nunca foram ouvidas. Assim como crianças e jovens das favelas, o funk foi abandonado pelo poder público e tratado unicamente como um problema policial. Adriana Facina reiterava para a plateia, negra em sua grande maioria, que a discriminação contra o funk é mais um capítulo de uma história antiga de criminalização da cultura negra no Brasil. As mesmas vozes que ontem construíam o samba como vadiagem e arruaça, hoje enunciam o funk como violência e imoralidade.

Na mesa, a presença de Fernanda Abreu, uma cantora branca ouvida, principalmente, pela juventude de classe média do Brasil, também mostrava que o funk, mesmo sofrendo todo o tipo de discriminação, conseguira penetrar os bairros e os espaços simbólicos da classe média com suas rígidas fronteiras. Os versos da música *Pra que discutir com madame?*, epígrafe deste Capítulo, foram recitados por Fernanda Abreu. Composto por volta de 1956 por Haroldo Barbosa e Janet de Almeida, a música originalmente destaca a visão que a "madame" possui sobre o samba, ou seja, uma música "barata e sem valor", "um pecado e uma cachaça", "uma mistura de raça e de cor". Ao citar tais versos, Fernanda substitui o termo "samba" pelo termo "funk". O jogo com essas palavras escancara que a discriminação racial não está no passado, mas se renova de formas sempre muito semelhantes. Numa terra onde o racismo não se confessa, o preconceito manifesta-se na maneira pela qual as "madames" percebem e significam a cultura desse grupos como manifestações rudes, incivilizadas, violentas etc. Assim, o preconceito contra o "batidão do funk" nada mais é do que uma atualização da discriminação contra os "batuques do samba."

Após essas falas, a resposta da massa funkeira foi imediata. Acostumados com uma esfera pública que se constituiu, ao longo da história, longe dos formatos dos partidos políticos, dos sindicatos e da cultura letrada, a massa funkeira respondera àquelas falas com o maior e, talvez, o único capital cultural que possuem: a sua arte. Alguns MCs, ao fundo da plenária, começaram a entoar os versos do famoso funk *Rap do Silva* contagiando a todos e fazendo com que aquele parlamento cantasse. A plenária ficou toda de pé, muito sujeitos estendiam os braços e de punho fechado cantavam os seguintes versos: "O funk não é modismo/ é uma necessidade/ é pra calar os gemidos que existem nessa cidade."

A empolgação da plenária aumentaria ainda mais quando outro integrante da mesa, MC Leonardo, mostrasse como o microfone é uma poderosa "arma" para o movimento funk. E já que é necessário estar de pé para o tipo de batalha linguística que os MCs gostam de travar, o artista de funk pediu licença para deixar a mesa e subir na tribuna. De lá, o MC anunciava que o "funk é, acima de tudo, uma linguagem da juventude das favelas".

MC Leonardo enunciava que o funk é "uma poderosa e democrática forma de comunicação". O apoio da plenária, composta por mais de 600 pessoas, entre elas MCs e DJs do funk (em sua grande maioria negros e favelados) e dançarinas de funk (algumas travestis e *drag queens)*, confirmava não só a força agregadora dessa linguagem, mas também sua capacidade de colocar em cena sujeitos que são tratados como invisíveis. Por meio do funk, as vozes desses sujeitos, habitantes de posições sociais tão distantes dos padrões hegemônicos de uma classe média branca, faziam-se ouvir.

A linguagem do funk não é uma forma abstrata de transmitir conhecimento na qual o emissor passa a mensagem ao receptor, que a assimila de forma passiva. Quando encenam o ritmo e a poesia (rap) no microfone, esses MCs "performativizam" a sua experiência de tal modo que essa experiência parece ser recriada naquele momento e naquela pessoa que a recebe. Assim, antes de deixar a tribuna, MC Leonardo finalizara a sua fala cantando, fazendo com que o funk fosse vivido por todos ali. Ainda que de forma silenciosa, a plenária acompanhava a realidade do funk e dos seus sujeitos, à medida que o MC entoava o seguinte rap, composto em parceria com seu irmão, MC Junior.

Tá tudo errado

Comunidade que vive à vontade/ Com mais liberdade tem mais pra colher/ Pois alguns caminhos pra felicidade/ São paz, cultura e lazer/ Comunidade que vive acuada/ Tomando porrada de todos os lados/ Fica mais longe da tal esperança/ Os menor vão crescendo tudo revoltado/ Não se combate crime organizado/ Mandando blindado pra beco e viela/ Pois só vai gerar mais ira/ Naqueles que moram dentro da favela/ Sou favelado e exijo respeito/ São só meus direitos que eu peço aqui/ Pé na porta sem mandado/ Tem que ser condenado/ Não pode existir// Está tudo errado/ É até difícil explicar/ Mas do jeito que a coisa está indo/ Já passou da hora do bicho pegar/ Está tudo errado/ Difícil entender também/ Tem gente plantando o mal/ Querendo colher o bem// Mãe sem emprego/ Filho sem escola/ É o ciclo que rola naquele lugar/ São milhares de histórias/ Que no fim são as mesmas/ Podem reparar/ Sinceramente não tenho a saída/ De como devia tal ciclo parar/ Mas do jeito que estão nos tratando/ Só estão ajudando esse mal a se alastrar/ Morre polícia, morre vagabundo/ E no mesmo segundo/ Outro vem ocupar/ O lugar daquele que um dia se foi/ Pior que depois geral deixa pra lá/ Agora amigo, **o papo** é contigo/ Só um aviso pra finalizar/ O futuro da favela depende do fruto que tu for plantar

O rap, como muitas outras manifestações da diáspora negra, são verdadeiras lutas por representação. Os significados tecidos neste rap e o próprio local (a Alerj) em que ele era encenado situavam a dimensão profundamente política das manifestações artísticas. Ali, ser artista e ser poeta eram papéis inseparáveis do ativismo político. Com o seu rap, o MC mostrava como o "papo" dos funkeiros possui um significado muito específico. Por meio desse "papo", o MC estabelecia um diálogo sobre muitos aspectos da realidade, frequentemente negligenciados pelas narrativas oficiais da cultura letrada.

Naquele momento, o MC desafiava os sentidos das representações hegemônicas – o próprio título do rap já antecipa isto – *Tá tudo errado*. Nas narrativas oficiais, a favela é significada como o espaço da incivilidade para a qual o Estado fornece apenas a política "dos blindados em becos e vielas". Por meio desses atos de fala líricos, o MC denuncia o que, frequentemente, tem sido apontado por alguns estudiosos como uma das faces mais perversas do período de devastação neoliberal. Segundo Facina (2009, p. 5), tal período é marcado pela substituição do

> Estado de Bem-Estar Social pelo Estado Penal, destinando aos pobres a força policial ou a cadeia. Abandonados os sonhos de uma incorporação à sociedade de consumo via emprego, restou à classe trabalhadora o lugar de humanidade supérflua e, portanto, menos humana do que aqueles que são considerados a "boa sociedade".

"Comunidade acuada", "Mãe sem emprego", "filho sem escola" são os termos que encenam e constituem a "realidade" daqueles que não são considerados pelo poder público a "boa sociedade". MC Leonardo não enunciava, apenas, como um funkeiro, mas como um "favelado". O artista estabelecia, assim, vínculos com o seu local e com a sua comunidade e, além disso, mostrava que a discriminação contra o funk está inserida em um contexto mais amplo de criminalização das comunidades pobres e dos favelados.

Naquela manhã, a linguagem funcionava em toda a sua dimensão performativa, ou seja, não havia distinção entre o falar e o agir. O funk não buscava mostrar a "verdade" por trás das palavras ditas, mas constituía a "verdade" nas suas próprias palavras. Usando-as como uma "arma", o MC tecia ritmicamente a verdade de seu "papo": as representações e os sentidos das vozes historicamente marginalizadas. Com o seu "papo", o MC construía uma narrativa e instaurava explicitamente um interlocutor, o "amigo".

E como a força de um ato de fala sempre nos interpela, fazendo com que a história tenha tempo presente, o MC avis**a**, desaf**ia** e ex**ige** diálogo com o poder público: "Agora, amigo, o papo é contigo/ só um aviso pra finalizar/ o futuro da favela depende do fruto que tu for plantar."

* * *

O funk fora enunciado como "uma cultura", "uma linguagem" e uma "forma de comunicação" da favela. Quais os significados dos termos "cultura", "linguagem" e "comunicação" em tais afirmações? De que maneira essas enunciações fornecem identidade social para essa prática musical e para os seus sujeitos? Que historicidade essas enunciações carregam? Quais são as negações que essas afirmações dissimulam? E, para além dessas questões, como será possível falar desses enunciados neste livro? De que maneira pretendo conjugar a análise linguística à prática etnográfica como uma forma de construir outros atos de fala que também fornecerão identidade ao funk?

Todas essas questões apontam para o objeto e metodologia de estudo deste livro: as representações ou as performances resultantes de um diálogo entre mim e inúmeros jovens que habitam o chamado mundo funk carioca. De um modo geral, pretendo compreender as representações ou as performances que constituem a identidade do funk carioca: as representações que são encenadas no palco, bem como aquelas construídas na vida cotidiana. Todavia, vale ressaltar, que toda representação (seja teatral, seja ordinária) é atravessada por significados de raça e gênero. Desse modo, busco entender como tais significados se articulam na constituição da representação da identidade do funk carioca e, ainda, de que modo essa representação reitera e/ou subverte a ideia de uma identidade nacional brasileira.

Para tanto, situo a minha discussão no interior de uma linguística que é entendida como "um campo de estudos" – tais como estudos feministas, teoria *queer*, estudos latino-americanos, etc. –, que reúne pesquisadores de diversas áreas focalizando temas em comum (cf. Moita Lopes, 2006, p. 97). Como mostra Pennycook (2006), sob a influência das críticas pós-colonial e pós-moderna e, ainda, da consequente "virada linguística" nas ciências sociais, esse campo passa a privilegiar temas como a produção da identidade/alteridade, que até então eram estranhos à linguística (cf. Moita Lopes, 2002, 2006; Rajagopalan, 2003; Pennycook, 2007). Tal interesse está relacionado com a compreensão de que a linguagem tem um papel fundamental na inteligibilidade dos problemas sociais contemporâneos, pois a dominação colonial foi (e continua sendo) não só econômica, mas também simbólica.

A crítica pós-colonial mostra como identidades nacionais concebidas como entidades imutáveis e homogêneas são uma poderosa narrativa "racializada" e "genderizada" do colonialismo. Em um exercício de desconstrução, a crítica "pós" busca reescrever tal história, considerando as vozes "das margens", ou seja, as diversas identidades que são silenciadas na narrativa do sujeito colonial. Nesse exercício político de (re)inscrição e ressignificação das margens, a linguagem tem um papel fundamental, pois é por meio dela que as identidades se constituem. Portanto, nesse campo, compreende-se que as identidades e a realidade são representações ou construções linguísticas. Porém a representação não é concebida em seus moldes clássicos. Influenciado por alguns pressupostos pós-estruturalistas presentes nos Estudos Culturais, esse campo "resgata" a noção de representação da filosofia clássica mostrando sua ligação com a linguagem e com os sistemas de significação, mas coloca em xeque certa noção mimética de representação (Silva, 2000).

Para a filosofia clássica, a linguagem é entendida como possuidora de uma relação especular com a realidade e, por conseguinte, a representação seria um reflexo "fiel" de uma realidade anterior e exterior a ela. Como destaca Canclini (2008), essa noção foi central para o poder colonial, fundamentado pelo pressuposto filosófico que se resume na certeza de que "há uma coincidência ontológica entre realidade e representação, entre a sociedade e as coleções de símbolos que a representam" (Canclini, 2008, p. 163). Assim, o que se define como patrimônio e identidade pretende ser o reflexo fiel de certa essência nacional .

Ao realizar uma forte crítica ao colonialismo e aos pressupostos que constituem as nações modernas, os Estudos Culturais trazem para o centro de sua discussão a noção de representação, porém mostram que esta não reflete uma essência *a priori*. Dialogando com estudos pós-estruturalistas, os Estudos Culturais destacam que a linguagem é uma estrutura instável e indeterminada, incapaz de refletir algo, mas capaz de constituir aquilo mesmo que ela significa. Questiona-se, desse modo, a capacidade descritiva de determinados conceitos (utilizados dentro e fora da linguística e das ciências sociais): a língua, a cultura e a história e as noções essencialistas presentes nas grandes metanarrativas de progresso nacional que tais conceitos ajudaram a construir.

A separação entre cultura, língua, história e sociedade e as respectivas disciplinas responsáveis pela investigação de cada uma dessas instâncias revelam-se como construções muito fragmentadas, que não dão conta da complexidade da vida social. Em minha pesquisa, por exemplo, a construção do objeto de estudo já é de saída um empreendimento transdisciplinar. Importa, aqui, compreender a identidade: uma categoria tradicionalmente estudada na antropologia. No entanto, para a compreensão da identidade não utilizo apenas teorias antropológicas, uma vez que as identidades são entendidas como performances de linguagem: uma perspectiva elaborada em certo campo da pragmática linguística. Além disso, é preciso considerar também os "arquivos" que fornecem historicidade para a identidade, bem como os processos macrossociais nos quais essa identidade local ganha sentido e relevância. Portanto tanto o objeto de estudo quanto a própria forma de compreendê-lo é constituída por um campo aberto onde habitam várias disciplinas. Como diria Canclini (2008), nesse campo circulam "ciências nômades", ou seja, entendimentos capazes de atravessar campos disciplinares, sem se reduzir a nenhum deles (Canclini, 2008, p. 19). Todavia, o fio condutor que permite colocar em diálogo uma gama de conhecimento gerado em campos diversos é o entendimento de que a representação social (artística, científica, cotidiana) não é uma descrição, mas sim uma performance: atos linguísticos reiterados, que condensam uma historicidade e assumem significados culturais locais em relação às estruturas sociais mais amplas.

Ademais, a coincidência entre a representação e a performance localiza a temática da identidade numa teoria mais geral da ação. Assumir a identidade como representação em termos performativos mostra que esta não é uma essência, mas uma construção linguística resultante de contínuas ações de sujeitos inseridos em hierarquias e estruturas de poder. Não importa, desse modo, recuperar ou resgatar a verdadeira identidade do funk, mas, em diálogo com os sujeitos inseridos nesse universo, questionar de que forma esta é performativizada e continuamente reconstruída.

Portanto o termo performance tem aqui um sentido generalizado. Dito de outro modo, a performance está relacionada tanto com a dramatização da personagem teatral, quanto com o processo de construção cotidiana do sujeito social. Dentro e fora dos palcos, os sujeitos estão sempre inseridos nesse exercício de recitar ou de "performativizar" as suas identidades. Ainda que no palco os sujeitos encenem uma performance que possui um significado diferente daquele fornecido à performance da vida cotidiana, ambas possuem uma característica fundamental em comum: as performances "ordinárias" ou "teatrais" são sempre repetições (seja meras imitações, seja subversões) de atos anteriores (Derrida, 1982). Desse modo, as performances teatrais e cotidianas revelam as escolhas efetuadas pelos sujeitos no interior de significados consolidados historicamente.

Considerando essa relação intrínseca entre linguagem, representação e performance, proponho duas abordagens teóricas e metodológicas para compreender a construção da realidade e das identidades. A primeira delas, chamada "pragmática da identidade", e a segunda, "etnografia performativa". Dialogando principalmente com a vertente dos Estudos Culturais que leva em conta a crítica pós-estruturalista, essas abordagens são fundamentalmente transdisciplinares e partem do pressuposto de que a linguagem é performance, ou melhor, uma forma de ação social.

2.2 Uma pragmática da identidade

2.2.1 Contextualizando: identidade, globalização e consumo

Em seu famoso ensaio intitulado "Pode o subalterno falar?", Gayatri Spivak (1994) afirma que a identidade é um erro. Então, qual seria a funcionalidade desse conceito? Mesmo assumindo a identidade como um erro, essa é a possibilidade de existência pública dos sujeitos. Ainda segundo Spivak (1994), apesar de toda a contingência que constitui as identidades e inviabiliza a sua própria delimitação, elas configuram-se como uma poderosa estratégia de contestação política do presente. Assim, a identidade não tem a solidez de uma rocha, não é garantida por toda vida, mas é sobretudo uma arena de significados em conflito, por vezes, negociáveis.

Com um sentido semelhante, Canclini (2008, 2008a) argumenta que a centralidade da identidade na política aparece no mesmo momento em que a própria noção de identidade passa a ser questionada. As últimas décadas foram acompanhadas por uma crise nas concepções ontológicas fundamentalistas que significavam as identidades nacionais, bem como as regionais. Nesse sentido, acompanhamos uma perda da importância das culturas tradicionais locais (da elite e populares), à medida que tais culturas são reposicionadas diante da globalização, da fragmentação, das fronteiras nacionais e do avanço dos meios eletrônicos de comunicação.

Já não podemos, portanto, considerar os membros de cada sociedade como elementos de uma cultura homogênea, tendo uma única identidade distinta e coerente. A globalização e a transnacionalização da economia e dos símbolos tiraram a verossimilhança desse modo de se legitimar a identidade. Segundo Canclini (2008a), atualmente, as identidades estruturam-se menos em torno da lógica do Estado do que pela dos mercados. Nas palavras do próprio autor (id., ibid., p. 48),

> Nas novas gerações as identidades se organizam menos em torno dos símbolos territoriais-nacionais, os da memória pátria, do que em torno dos de Hollywood ou Benetton. Ao mesmo

tempo em que nas grandes cidades os centros históricos perdem peso, as populações se disseminam: os jovens encontram nas cidades, em vez de núcleos organizadores, margens que se inventam para si.

Isso não quer dizer que as tradições locais e nacionais se apagam completamente. Muito pelo contrário, estas são reinventadas, colocadas em tensão e misturadas com os símbolos globais. Em contraste com a noção jurídica de cidadania, desenvolvem-se formas heterogêneas de pertença, cujas redes se entrelaçam com a de consumo: "um espaço de lutas, um terreno de memórias diferentes e um encontro de vozes desiguais" (Canclini, op. cit., p. 47). Assim, vale destacar, que o consumo estabelece relações altamente complexas, muito além da dicotomia que situa, de um lado, meios manipuladores; e de outro lado, dóceis ou passivas audiências. Para Castells (1999), o consumo é um lugar onde os conflitos entre classes, originados pela desigual participação na estrutura produtiva, ganham continuidade em relação à distribuição e à apropriação de bens. Consumir é, portanto, participar de um cenário de disputas por aquilo que a sociedade produz e pelos modos de usá-lo.

Nesse sentido, a política de identidade tem a ver com as reivindicações daqueles que foram excluídos da modernidade e que, diante dos processos mais amplos de globalização e de consumo, encenam diferentes formas de solidariedade "nessas margens que se inventam para si". Em tais locais, inúmeros pressupostos que fundamentam a narrativa moderna são ora reinventados, ora questionados. Nesses espaços de margem, as identidades funcionam como uma "cultura de sobrevivência" (Bhabha, 2003) perante um mundo que não é estruturado por um suposto progresso, mas é marcado pelo colapso do Estado de bem-estar social, pelo esvaziamento das instituições democráticas e a consequente privatização da esfera pública. Essas culturas intervêm nos discursos da modernidade "que tentam dar uma normalidade hegemônica ao desenvolvimento irregular e às histórias diferenciadas das nações, raças, comunidades e povos" (id., ibid., p. 239).

Assumimos, portanto, que a política de identidade está intrinsecamente relacionada com essas "culturas de sobrevivência". Trata-se de um tipo de resposta subalterna às formas de dominação do mundo moderno e globalizado. Stuart Hall (2000), em um famoso ensaio chamado "Quem precisa de identidade?" destaca como a identidade é um produto da marcação da diferença e da exclusão, que emerge no interior do jogo de modalidades específicas de poder. A política de identidade fala a linguagem daqueles que foram marginalizados pela globalização e são, constantemente, excluídos das esferas materiais e simbólicas da vida social. Dessa forma, a identidade importa para o uso político, logo para a nossa reflexão teórica.

2.2.2 Desconstruindo: identidade, representação e performance

Entretanto, será necessário fazer funcionar o termo identidade "em sua forma desconstruída" (Hall, 2000, p. 104). Dito de outro modo, o conceito "identidade" será repensado sob um ponto de vista pragmático. Nessa perspectiva, a identidade é uma representação que, por sua vez, não é um reflexo da realidade, mas uma forma de ação – uma performance. A identidade é um processo contínuo de redefinir-se, de inventar e reinventar dialogicamente sua própria história na linguagem. Portanto a identidade só nos é revelada como algo a ser criado linguística e discursivamente, e não descoberto; como alvo de um esforço, de um objetivo; como coisa que ainda precisa ser significada e construída entre as alternativas possíveis. É preciso lutar pela identidade e protegê-la lutando mais e mais – mesmo que, para que essa luta seja vitoriosa, a "verdade" sobre a fragmentação, a condição precária e eternamente inconclusa da identidade deva ser, e tenda a ser, suprimida e silenciada temporariamente.

Como diria Spivak (1994), as identidades acabam reivindicando certa homogeinização, baseada numa essência que não tem nada de apolítico ou a-histórico. Muito pelo contrário, ainda que, aparentemente, as identidades tenham um aspecto natural (os sujeitos são assim porque sempre foram assim), esse é, apenas, um efeito de um essencialismo politicamente estratégico. É tal movimento que permite, por exemplo, a representação de uma identidade no singular: sempre uma ilusão provisória e necessária, que faz funcionar um campo altamente contestado.

A identidade é uma luta por representação, tal como aquela batalha que ocorreu no dia "em que o parlamento cantou funk". Ainda que a identidade do funk seja fundamentalmente heterogênea, no parlamento, o funk foi enunciado no singular. Naquela manhã, era preciso unir forças e lutar contra um inimigo comum: as representações hegemônicas que ao longo da história significaram essa prática musical como "um caso de polícia".

Naquele parlamento, a união dos funkeiros e a enunciação do funk no singular exemplificam a forma pela qual as representações são constituídas segundo o tipo de interação ou de "audiência" que estas estabelecem. Como mostra Goffman (2001, p. 77), a representação da realidade é um "trabalho de equipe" que em muito se assemelha à representação de uma peça teatral. De um lado, os sujeitos, assim como os atores, encenam uma linguagem na qual se posicionam e são posicionados sob o olhar ou a presença de um público; de outro, esses mesmos sujeitos/atores acionam um "idioma de fundos ou de bastidores" (Goffman, 2001), em que se preparam para a representação pública. Assim como no teatro, as performances da vida social organizam-se em duas regiões: o palco/cena e os bastidores/fundos. Essas regiões seriam diferentes linguagens que os sujeitos assumem ao se posicionarem como parte integrante de uma representação coletiva.

Por essa via, compreendemos que as representações acionadas no parlamento são performances de palco: as diferenças que constituem a identidade do funk necessitavam ser dissimuladas gramaticalmente e ideologicamente. Em outras palavras, naquela manhã, alguns parlamentares mencionaram uma das divisões frequentemente enunciadas no mundo funk, mas foram rapidamente questionadas por outros parlamentares com apoio das palmas da plenária. Wagner Montes (PDT), um dos autores da lei que reconhece o funk como cultura, argumentou que lutaria pelo "funk do bem". (Essa divisão funk do bem X funk do mal é muitas vezes mencionada no mundo funk para se referir às produções funkeiras que teriam "boas" letras em contraposição àquelas que fariam "apologia ao crime ou à pornografia".) No entanto, em seguida, o deputado Jorge Babu (PT) questionou tal divisão afirmando que o funk era uma coisa só. Aqui não pretendo afirmar que tal divisão seria "mais verdadeira", uma vez que ela é enunciada em outros contextos do mundo funk, mas exemplificar como a identidade no singular é performativizada em momentos estratégicos.

Porém, diferentemente das representações de palco, nos bastidores do mundo funk, dificilmente poderíamos enunciar sua identidade no singular (essa questão será amplamente discutida no Capítulo 3). Nessa região, os sujeitos encenam uma linguagem em que os conflitos são trazidos à tona, e as diversas posições sociais ocupadas por seus distintos atores na construção da cena comum revelam fragmentações, hierarquias, relações de poder e de exploração. No entanto, quando "o funk entra em cena" para a sociedade mais ampla é, na maioria das vezes, constituído como uma identidade homogênea e sua identidade enunciada no singular.

A identidade é, portanto, uma representação dialógica construída nas interações sociais atravessadas por hierarquias e relações de poder. Como diria Goffman (2001), não há um "self" anterior à dramatização cotidiana. Em vez disso, o "self" nasce como resultado dos acordos e dos conflitos constitutivos das representações publicamente validadas. Nesse sentido é que entendemos que a representação ocupa um lugar central na teorização contemporânea sobre identidade. Questionar o "self" (para utilizar o termo goffmaniano) ou a identidade significa questionar esses sistemas de representação que lhes dão suporte e sustentação.

Em outras palavras, se a identidade é representação – e esta última não reflete algo anterior e exterior –, então indagar sobre o que é uma identidade não é buscar uma essência por trás das representações, mas perguntar-se sobre quais são as performances que constituem determinada identidade. Não se trata de uma teoria sobre o sujeito congnoscente – sobre o que é ele mesmo em sua essência –, mas sim de uma teoria sobre as performances que constituem e conferem existência pública aos sujeitos sociais.

Assim, a representação "em sua forma desconstruída" está relacionada com a maneira pela qual a linguagem é entendida no campo da Pragmática Linguística. Uma das premissas fundamentais de tal campo é a de que os signos não refletem um estado de coisas, mas produzem esse estado de coisas. Essa formulação ancora-se fortemente na reviravolta provocada por Austin (1975[1962]) na filosofia com a criação do enunciado performativo. A ação dos signos é possível porque, como Austin sabiamente percebeu, as palavras, para além de representarem estados de coisas, são ações por meio das quais fazemos coisas.

Ao longo de seu livro *How to Do Things with Words* (1975[1962]), Austin constrói uma análise "aporética" e "em constante transformação" (Derrida, 1982). Assim, ao fim de sua reflexão, o filósofo deixa de lado a distinção que ele mesmo forjou entre performativo e constativo, concluindo que essa distinção é frágil para dar conta do alcance operacional da linguagem e da força dos atos de fala. Austin argumenta que a linguagem como um todo não é formada por enunciados constativos que descrevem algo, mas sim por enunciados performativos que fazem com que alguma coisa aconteça. O filósofo leva às últimas consequências a performatividade da linguagem, mostrando, dessa forma, "uma identidade entre dizer e fazer, insistindo na presença do ato na linguagem; ato que transforma – opera" (Pinto, 2007, p. 77). Assim, entende-se que a linguagem não reflete algo; ao contrário, ela age, ou seja, constrói aquilo que, supostamente, parecia só descrever.

Nesse sentido, as afirmações "funk é cultura" e "funk é linguagem" performativizadas na Alerj não refletem um estado de coisas anterior ou exterior a essas afirmações, tampouco a intenção de um único MC. Muito pelo contrário, entendemos que esses enunciados são performances, que instituem determinada identidade para o funk e para os seus sujeitos. Não se trata de uma identidade que se forma no vazio, mas numa arena de significados historicamente repetidos e, muitas vezes, cristalizados. De acordo com Butler (1993), as identidades são performances iteráveis, isto é, performances presentes que ecoam performances passadas e, por conseguinte, performances que acumulam e condensam historicidade.

Ao longo da história do funk, essa prática musical foi frequentemente significada nas representações hegemônicas como "um caso de polícia", e os seus sujeitos como uma espécie de marginais. Como demonstra Herschmann (2000), em sua análise sobre a representação do funk e dos funkeiros na mídia impressa, na década de 1990, a palavra "pivete" foi substituída por "funkeiro" para tratar dos supostos jovens marginais cariocas. Em uma perspectiva semelhante, Zaccone (2007, p. 21), ao interpretar as representações do discurso hegemônico, argumenta que o estereótipo de bandido se vai

> consumando na figura de um jovem negro, **funkeiro**, morador de favela, próximo ao tráfico de drogas, vestido com tênis, boné, cordões, portador de algum sinal de orgulho ou de poder e nenhum sinal de resignação ao desolador cenário de miséria e fome que o circunda (*negrito meu*).

Por essa via, Facina também ensina que, nas representações hegemônicas, os termos "funk" e "funkeiro" são citados no interior de uma cadeia significante que representa a favela como o local do crime e os seus sujeitos como criminosos. Segundo Facina e Lopes (2010),

> (...) "tráfico de drogas", termo utilizado para se referir ao comércio varejista de substâncias ilícitas nas favelas, serve para aprisionar esses jovens e justificar sua eliminação pelas forças do Estado, já que jovem negro favelado = suposto traficante na linguagem policial e midiática. Como o funk é a forma de lazer e o ritmo que identifica essa segmento social, então tem-se jovem negro favelado = traficante = funkeiro. No resultado final, funk = coisa de bandido.

Naquela manhã, o enunciado "funk é cultura" carregava marcas dessas tantas outras falas. Já que a linguagem não é espelho, mas performance, uma de suas características estruturais é que ela sempre pode ser dissociada de determinado referente e de uma intenção de significação. Segundo Derrida (1982), qualquer signo pode ser citado, colocado entre aspas e levado para um novo contexto. Essa é a possibilidade de ruptura e de ressignificação dos sujeitos na linguagem. Ao se afirmar que o funk é uma cultura, negava-se também que o funk é crime, é caso de polícia, é uma questão de segurança pública. Portanto, o enunciado "funk é cultura" cita e rompe com a cadeia significante que coloca no mesmo eixo paradigmático os termos *favela, favelado, tráfico, traficante, funkeiro, funk, coisa de bandido*.

Naquela manhã, eram três os termos que ressignificavam e forneciam vida à identidade do funk: "funk é cultura", "funk é linguagem", "funk é comunicação." Essas afirmações não só singularizavam o funk, mas também questionavam o sentido tradicional do termo "cultura". No parlamento, não se reivindicava "Uma Cultura" com letra maiúscula, tal como aquela que foi considerada como paradigma de modernidade e progresso. A reivindicação do "funk como cultura" desafia a noção etnocêntrica de cultura, em que esta é equivalente ao modos de ser e viver de uma determinada elite branca e letrada.

De acordo com Hall (2009, p. 2), o termo cultura disseminou-se e transformou-se num tema central da vida social contemporânea: tanto no seu sentido substantivo (o lugar que passou a ocupar na estrutura empírica da sociedade), quanto em seu sentido epistemológico (a posição que ocupa em relação às questões de conhecimento e conceitualização). Não é por acaso que a luta pelo poder, atualmente, não tem uma forma física e compulsiva, mas assume progressivamente a feição de uma "política cultural" (id., ibid., p. 7). A afirmação "funk é cultura" na Alerj demonstra como o político é sobretudo cultural. É óbvio que o político tem efeitos materiais muito reais e palpáveis. Contudo seu funcionamento depende da forma como as pessoas definem politicamente as situações, ou seja, o político é também uma questão de significado. A defesa da cultura funk era uma luta por significação e, por conseguinte, uma luta política contra a criminalização das favelas, seus sujeitos e suas práticas – uma batalha cultural com efeitos simbólicos e materiais.

No Campo da Pragmática das Identidades, a cultura não é mais uma variável da vida social, mas é sua dimensão constitutiva. Como destacam os teóricos dos Estudos Culturais (Hall, 2003), a cultura não é uma acumulação de realizações de uma civilização nacional, tampouco uma propriedade de um indivíduo ou de um grupo. A cultura é um processo estratificado de embates, ou melhor, é uma luta por significado. Nesse sentido, a cultura tem a ver com as estratégias e os meios pelos quais os valores de diferentes grupos refletem e constituem um senso particular de pertença e de comunidade. Dito de outro modo, a cultura está relacionada com a forma pela qual os sujeitos representam e fornecem sentido e vida para si próprios e para a realidade. Assumimos, desse modo, que a cultura é um sistema de significação, ou seja, uma linguagem que constitui as práticas sociais. Por conseguinte, as afirmações "funk é uma cultura" e "funk é uma linguagem" são equivalentes, pois o funk é uma manifestação que não só constitui a realidade para esses sujeitos, mas também "fala" e coloca em cena, para a sociedade mais ampla, a maneira pela qual os jovens das favelas significam as suas próprias identidades e práticas.

Vale destacar, como já foi dito anteriormente, que a linguagem não é um reflexo das coisas, mas sim uma forma de ação, uma performance. Então, como os termos "linguagem" e "cultura" estariam relacionados com a ideia de "comunicação"? Tradicionalmente, a concepção de comunicação assemelha-se à noção de transporte (Derrida, 1982). Nessa perspectiva, a linguagem – possuidora de uma relação especular com a realidade – seria o veículo de um conteúdo ou de uma presença de um referente que é passado de um emissor para um receptor. No entanto, quando compreendemos a linguagem como performance, assumimos que o signo está sempre no lugar de alguma outra coisa (de um referente), isto é, o signo é uma ausência. Assim, a presença do referente na linguagem nada mais é do que uma impressão, uma ilusão, um fantasma ou, em termos derridianos, uma marca.

Desse modo, a linguagem carrega as marcas de enunciados anteriores. Portanto, podemos compreender que, numa dimensão pragmática, a ideia de comunicação não se assimilaria em nada à concepção clássica de comunicação. Segundo Derrida, a concepção performativa da linguagem formulada por Austin rompe com "o horizonte da comunicação como comunicação das consciências ou das presenças" (id., ibid., p. 412). No entanto, isso não significa abandonar a noção de comunicação, mas pensá-la como um movimento que

> não designa o transporte ou a passagem de um sentido, mas de algum modo, a comunicação de um movimento original (a definir numa teoria geral da ação), uma operação e a produção de um efeito. Comunicar, no caso do performativo (...) seria comunicar uma força por impulsão de uma marca (id., ibid., p. 420).

O funk é cultura e linguagem, mas também é uma comunicação, não porque a sua performance carregaria "as verdades" referenciais, mas porque é uma "força" que coloca em funcionamento as marcas de determinada historicidade. Na performance funkeira, tais marcas são performativizadas por aquelas vozes que sempre foram criminalizadas nas representações hegemônicas. O funk traz à tona as vozes, que podem parecer rudes, incivilizadas e agressivas para determinada elite, mas que constituem uma realidade social de modo único, que não vemos nos jornais ou nos livros. Desse modo, no funk, a "palavra é arma", pois carrega "as vozes" desses sujeitos silenciados ao longo de nossa história. Com a potência da palavra que se canta e se dança, esses jovens se comunicam, à medida que disseminam uma força por meio da qual encenam batalhas linguísticas que buscam romper com as marcas de tantas representações estigmatizantes.

2.3 PODE O SUBALTERNO SER OUVIDO? PRINCÍPIOS DE UMA ETNOGRAFIA PERFORMATIVA

Uma linguagem, uma cultura e uma comunicação (ou uma força): essas são as definições que, naquela manhã, forneceram existência ao funk carioca e aos seus sujeitos. Antes que a plenária se manifestasse ou mesmo que fosse concedida a palavra ao MC Leonardo, eram parlamentares (principalmente, na figura do Deputado Marcelo Freixo) e intelectuais que construíam esses sentidos para o funk. Sem a intervenção dessas vozes, os funkeiros não seriam ouvidos naquele espaço nem daquela forma.

As diversas vozes de autoridade não só se misturavam com as do funk, mas também forneciam legitimidade ao ritmo musical. Como as relações de poder, presentes em qualquer diálogo, regulavam ou controlavam essa mistura? Até que ponto tal mistura não apaga o que seria "originalmente" a voz do funk? Ou melhor, tal diálogo possibilitou efetivamente que os "próprios termos" dos funkeiros fossem enunciados?

Essas questões apontam não só para o movimento dialógico que ocorreu na Alerj, mas também para a própria metodologia que será empreendida neste trabalho: a junção e a representação de diferentes vozes imersas em hierarquias e relações de poder. Ainda que o objetivo daquela audiência pública fosse "dar voz" e legitimidade ao funk carioca, até que ponto esse movimento é possível?

O que se ganha e o que se perde na tradução do funk para uma linguagem jurídica ou parlamentar? Nesse mesmo sentido, o que se pretende neste livro também é dialogar e ouvir as vozes do funk. Porém como os termos utilizados neste livro podem (ou não) encenar os próprios termos do funk?

De acordo com Gayatri Spivak (1994), quando o subalterno tem a sua voz registrada numa impressão ocidental qualquer, essa já não é mais a voz do subalterno. Dito de outro modo, o sujeito subalterno, ao ser enunciado na linguagem da razão, é (política e epistemologicamente) silenciado, pois ele, desde o início, não possui o papel de falante no discurso dominante. Assim, sua "verdadeira" identidade perde-se devido à inabilidade que tem o ocidental de compreender os próprios termos do sujeito subalterno. Submetido a várias críticas, esse argumento de Spivak sobre a impossibilidade de compreensão ocidental e o consequente silenciamento do subalterno não deixa de ser uma boa oportunidade para refletir não só sobre as relações de poder constitutivas dos diálogos que estruturam a esfera pública, mas também sobre a pretensão de muitos trabalhos acadêmicos, que objetivam compreender "os próprios termos dos" ou mesmo "dar a voz aos" sujeitos (objetos?) pesquisados (todos aqueles que podem ser inseridos na categoria de sujeitos subalternizados).

Neste trabalho, proponho um tipo de interpretação em que considero a problemática levantada por Gayatri Spivak. No entanto essa será repensada sob a luz de outros argumentos. Primeiro, a identidade "original" e "verdadeira" do subalterno não se perde no diálogo, uma vez que o sujeito subalterno e o sujeito dominante são construções relativas e relacionais. A construção da dominação depende da subalternidade e vice-versa. Além disso, há momentos e lugares nos quais os sujeitos aparecem como atores subalternos, mas em outros esses mesmos sujeitos possuem um papel de dominação. Um sujeito pode ser subalterno em relação a certo sujeito e dominante em relação a outro. Essa questão será trabalhada detalhadamente ao longo deste livro. O mesmo sujeito que, diante da sociedade mais ampla, é destituído de poder e situado como sujeito subalterno, pode, por exemplo, no interior do mundo funk, exercer um papel de dominação.

Tal perspectiva auxilia a construção de uma visão não polarizada sobre as relações de dominação e subalternidade, como também ajuda a repensar a relação "nós/eles" que subjaz à interpretação de Spivak. Se a dominação e subalternidade não são inerentes, mas sim caracterizações situacionais e relacionais, é possível ouvir e dialogar com as mais diversas vozes subalternas que falam dos mais diferentes lugares (Coronil, 1994, p. 648).[9]

O segundo argumento está diretamente relacionado com as consequências políticas do trabalho acadêmico que assume a representação como performance. Se a linguagem não descreve algo exterior a ela, não há uma mediação transparente em nenhuma forma de representação linguística (seja científica ou não). Como argumenta De Certeau (2008, p. 69), nenhum discurso "pode sair da linguagem e colocar-se à distancia para observá-la e dizer o seu sentido". Trata-se de um tipo de pesquisa reflexiva que busca não só pensar **sobre** a linguagem, mas também pensar **na** linguagem. Todos nós estamos condenados a performativizar!

Não há um espaço de constatação na linguagem e, consequentemente, não há a garantia de um ponto de vista neutro em nenhum diálogo. Portanto, em minha interpretação, que doravante chamarei de etnografia performativa, busco performativizar as diferentes vozes que aprendi a ouvir ao longo de minha pesquisa de

---

[9] Sem desconsiderar a materialidade que constitui essas posições, é preciso reconhecer que esse exercício pode contribuir para o deslocamento ou para a desconstrução das próprias fronteiras que delimitam os espaços da subalternidade e da dominação.

campo. Essa interpretação mais do que mostrar os próprios "termos dos funkeiros", é resultado de um tipo de engajamento político com o mundo funk e com os jovens de periferias e favelas, na qual participo como um sujeito situado histórica e socialmente.

Nesta análise, busco compreender e performativizar os atos de fala que constituem o mundo funk. No entanto os atos de fala não possuem um sentido em si mesmos, pois esses atos estão intrinsecamente relacionados com a "construção" daquilo que chamamos de contextos. E aqui vale ressaltar que o termo *contexto* não é utilizado como fazem alguns autores da linguística – por exemplo, alguns trabalhos da análise do discurso e da linguística textual (cf. Koch, 1993; Maingueneau, 2005; Fairclough, 2001). Para esses, o contexto, como o próprio nome sugere, seria aquilo que vem "com" o texto, mas que dele pode ser retirado em alguma instância de análise linguística. Portanto haveria um momento em que esses poderiam ser separados: efetuando, de um lado, uma interpretação do texto ou do discurso e, de outro lado, a interpretação do contexto.

Situado em uma perspectiva trandisciplinar, este trabalho parte do pressuposto de que o contexto está "com" e "no" texto. Os atos de fala constroem o contexto e vice-versa. Influenciada pela ideia de situação total de um ato de fala em Austin, Butler (1997, p. 13) mostra como a relação entre ato de fala e contexto é altamente complexa. Ainda segundo Butler (op. cit., p. 31), os atos de fala são irredutíveis a si próprios, pois carregam as marcas da historicidade, isto é, dos contextos nos quais já foram encenados, que por sua vez são situações incomensuráveis. Por exemplo, o termo *funk*, mesmo quando é positivado e enunciado como uma "cultura", carrega as marcas de outros contextos que, por sua vez, foram criados por atos de fala nos quais o funk é significado negativamente. Ao serem performativizados, os atos de fala podem tanto reificar quanto romper com contextos anteriores, instituindo novos e diferentes sentidos. Por conseguinte, os atos de fala "funk é cultura, linguagem e comunicação" construíam um determinado contexto, ao mesmo tempo em que eram formados e legitimados por este último.

Portanto, para compreender os atos de fala em toda sua "contextualidade", conjugo a interpretação linguística à prática etnográfica. Se a primeira enfatiza a importância do ato de fala, a segunda possibilita compreender esse ato de fala em seu contexto – em suas dimensões culturais, históricas e sociais. Segundo Asad (1986, p. 160), tradicionalmente, a linguística diferenciou-se do trabalho etnográfico, pois, ao passo que a primeira buscaria um discurso já produzido no interior de uma sociedade situada, o etnógrafo construiria esse discurso como um texto cultural de determinada sociedade. Neste trabalho, articulo ambas as atividades, pois importa buscar os discursos, ou melhor, atos de fala já produzidos no mundo funk, ou seja, os atos de fala líricos presentes nas letras de funk, bem como aqueles que formam os fragmentos de narrativas produzidas pelos artistas funkeiros, coletadas em meu trabalho de campo. Além disso, como as posições subalternas e dominantes são relacionais, também considero alguns atos de fala acionados no discurso hegemônico na constituição da identidade do funk carioca. No entanto, a análise linguística desses atos de fala é fundamentada pela minha pesquisa etnográfica no universo funkeiro, que consistiu em observar, participar e, principalmente, experienciar a realidade desses sujeitos para com eles elaborar um tipo de texto cultural dialógico.

O princípio de tal etnografia muda os termos da questão Spivak, reformulando-a da seguinte maneira: "Pode o subalterno ser ouvido?" O importante nesta etnografia não é a representação de uma voz original, mas minha capacidade de escuta, de diálogo e de mediação entre linguagens. É um tipo de interpretação linguística e etnográfica que se assemelha a um exercício de tradução.

Como mostra Asad (1986), a tradução pode ser pensada não só como o movimento de aproximação de diferentes idiomas, mas também como a possibilidade de diálogo entre representações constituídas por sujeitos que ocupam diferentes posições sociais. Nesse sentido, a tradução não é um mero exercício de substituição e combinação de sentenças em abstrato, mas uma prática de tradução cultural. Trata-se de interpretar, colocando em diálogo as diversas formas pelas quais os sujeitos produzem os significados por meio dos quais compreendem e experienciam o mundo e as relações sociais.

Fundamentada pela crítica derridiana ao logocentrismo e ao fonocentrismo, essa tradução não pressupõe um texto original e uma fala "verdadeiramente" autêntica. Em outras palavras, essa tradução cultural não se fundamenta em um princípio logocêntrico de que haveria no texto um significado presente, latente, que pode ser recuperado, descoberto ou resgatado em sua plenitude. Além disso, também é posto em xeque o fonocentrismo, instaurador da dicotomia fala e escrita, em que esta última seria uma representação de segunda ordem ou uma deturpação da fala, entendida como um meio de comunicação mais autêntico e mais puro.[10] Segundo Derrida (1982), o que se diz pertencer à fala é também

---

[10] Questionar essa dicotomia cria de saída um grande problema para a etnografia pensada em termos positivistas. Nessa perspectiva, a etnografia seria concebida como um registro escrito de uma oralidade que se coleta em trabalho de campo. Permeia, aqui, certa noção de que essa oralidade seria "mais pura", anterior ou exterior à escrita – um "fora" ou um "antes" do texto etnográfico. Mantém-se, desse modo, a crença na relação direta da voz com o referente, no signo espontâneo e transparente. Assim, tal dicotomia permite, por um lado, que a "voz do outro" seja concebida como o signo da própria autenticidade e, por outro lado, que o texto etnográfico apareça como um "salvador" dessa voz. Vozes puras e escrituras (concebidas como transparentes) fazem com que o texto etnográfico apague as relações de poder tão problematizadas por Spivak (1994) nessa transposição dos termos do "outro", ou melhor, nessa passagem do oral para o escrito.

observado na escrita, indicando, desse modo, que toda presença da fala já é, desde sempre, habitada pelo germe da escritura.

Todavia, se não há uma fala ou um texto original, qual seria o limite da interpretação construída nessa tradução cultural? Segundo James Clifford (1986), ainda que a ausência de um original evidencie como a interpretação é um "devir" ou um processo sempre em aberto, a interpretação possui limites, pois é moldada pelos discursos que constituem determinado momento histórico, no qual estão inseridos sujeitos pesquisados e pesquisadores.

É de extrema importância, portanto, reconhecer que as linguagens que a tradução reúne são historicamente desiguais. Assim, está no centro da metodologia desta pesquisa a capacidade da linguagem (ou da representação, entendida em termos performativos) "científica" de dialogar, acolher e assumir a linguagem do funk. Como explica Asad (1986), esse quebrar e remodelar a própria linguagem por meio do processo de tradução não é determinado pela atividade individual da tradutora-pesquisadora, mas é definida pelas relações de poder entre as linguagens e as suas formas de vida equivalentes. Resumindo, a pesquisadora-tradutora não assume a transparência de sua própria linguagem, tampouco perscruta um texto ou uma voz original, mas empreende um exercício dialógico, buscando habitar a linguagem do outro, desconstruindo, dessa forma, a sua própria linguagem.

Propositadamente, coloquei lado a lado a tradução que ocorreu "no dia em que o parlamento cantou" e aquela que é empreendida neste trabalho. Ambas são da mesma natureza: um diálogo historicamente situado e atravessado por relações de poder. Naquela manhã, a linguagem do parlamento moldava-se às formas de expressão do mundo funk e vice-versa. Tal interação e metamorfose das linguagens também ocorrem neste trabalho. Assim como os meus atos de fala são afetados pela linguagem dos sujeitos pesquisados, esta última também é atravessada pelos significados que estruturam a minha performance. Construo, dessa forma, uma etnografia linguística, ou melhor, uma etnografia dos atos de fala. Não se trata, no entanto, de uma etnografia que busque separar uma superfície linguística de um suposto "fundo" motivador ou que, tampouco, procure recuperar os atos de fala em sua originalidade. Ao estabelecer um diálogo com os atos de fala que estruturam o mundo e os sujeitos do funk, (re)crio, ao longo deste texto, novos atos de fala, novas performances...

CAPÍTULO 3

DE FUNK DE RAIZ A MOVIMENTO POLÍTICO E CULTURAL

"O funk me levou para a luta
e a luta trouxe muita gente pro funk."

(MC Leonardo)

Como enfatizamos no Capítulo 2, a construção da realidade é um trabalho de equipe que em muito se assemelha à representação de uma peça teatral (Goffman, 2001). Assim como no teatro, as performances da vida social organizam-se em duas regiões: a cena ou o palco e os bastidores. Tais regiões seriam diferentes linguagens que os sujeitos assumem ao se posicionarem como parte integrante de uma representação coletiva. Todavia essas linguagens possuem uma fronteira móvel, e sua separação, muitas vezes, se generaliza e se dispersa na construção das identidades: a linguagem de bastidor vira a linguagem da cena e vice-versa. Aqui, utilizo tal metáfora para mostrar as contradições e as relações de poder que formam os bastidores e a cena do mundo funk carioca.

Quando "o funk entra em cena" é, na maioria das vezes, constituído como uma identidade homogênea. Faço, aqui, uma referência ao título do livro de Micael Herschamann, *O funk e o hip-hop invadem a cena*, pois, assim como o desse autor, a maior parte dos trabalhos acadêmicos sobre funk destaca a forma pela qual essa prática musical é representada para o restante da sociedade, ou seja, a maneira pela qual o funk é representado quando "entra em cena". Ainda que boa parte desses trabalhos busque desconstruir os preconceitos que a classe média e as elites têm em relação ao funk, não há pesquisas que destaquem como a realidade do funk e dos seus sujeitos é construída no interior do mundo funk, isto é, nos seus bastidores.

Na cena, os conflitos inerentes a qualquer trabalho de equipe e às relações de poder aí subjacentes são silenciados; as variações estéticas e éticas do funk e as diferentes concepções sobre o que vem a ser essa prática musical apagam-se para que o funk seja significado no singular. No entanto há uma linguagem de bastidor que dissipa essa gramática do palco, mostrando o que ela silencia e esconde. A fragmentação e as divisões presentes nos bastidores do mundo funk estão diretamente relacionadas com as relações de poder que constituem o mercado fonográfico (considerado oficial ou não) do qual o mundo funk faz parte. Na linguagem dos bastidores, os conflitos são trazidos à tona. As posições sociais ocupadas por seus distintos atores na construção da cena comum revelam hierarquias e relações de exploração.

Neste Capítulo, teço uma narrativa sobre uma identidade que começa a ser organizada nos bastidores do mundo funk em 2008 e que, posteriormente, entra na cena pública: a identidade do funk de raiz. Excluídos do mercado fonográfico, muitos MCs e DJs, que tiveram o início de suas carreiras na década de 1990, começam, em 2008, a construir um novo sentido para o funk e para as suas próprias identidades. Desse modo, essas reivindicações de uma raiz para o funk não revelam a verdadeira essência dessa prática musical, mas constituem um campo discursivo que mostra as alianças e os conflitos inerentes à formação da identidade funkeira.

Ainda que a autenticidade seja uma invenção, é preciso "ouvir" quem a reivindica e quem tem o poder de fazê-la. Diferentemente daquela raiz que foi construída para o samba quando este estava em vias de se tornar a música legitimamente nacional, a reivindicação do funk não é feita por sujeitos da elite.[11] Muito pelo contrário, trata-se de uma reivindicação de sujeitos marginalizados acionada no interior de uma prática musical que, em certa medida, também é marginal. Digo "em certa medida", pois, ainda que o funk continue sendo criminalizado por vários setores da sociedade brasileira, é no contexto em que essa prática musical constrói um mercado específico e ganha certa visibilidade nas cenas carioca e nacional que alguns sujeitos começam a reivindicar seu espaço e sua identidade de raiz.

---

[11] A nacionalização do samba envolveu a intervenção do regime de Vargas nas indústrias da música e em várias instituições sociais (cf. Vianna, 1995).

Ao entrarem em cena, esses funkeiros fornecem um significado explicitamente político para as suas performances de palco e para o próprio funk carioca. Nesse processo, começam a divulgar e a constituir suas identidades em espaços alternativos de difusão multimídia, bem como a organizar eventos pela cidade do Rio de Janeiro, chamados de Roda de Funk. Esse movimento de politização do funk resultou na criação de uma associação chamada APAFunk (Associação dos Profissionais e Amigos do Funk) e na aprovação da Lei 5.544/09, que reconhece o funk como cultura do estado do Rio de Janeiro. Nas rodas, grande parte dos MCs ligados a esse movimento performativizam funks que não são tocados pela grande indústria funkeira, ou seja, nos principais canais de rádio e televisão que divulgam o funk. Como destacarei a seguir, essas produções colocam em cena atos de fala líricos por meio dos quais as favelas e os bairros pobres do Rio de Janeiro e suas práticas são nomeados e positivados, pois são significados sob o ponto de vista daqueles que habitam tais locais.

3.1 Bastidores do funk: um trabalho e uma invenção de mercado

A invenção do funk de raiz está fundamentalmente relacionada à invenção do funk como um mercado. Desde meados da década de 1990, o funk carioca deixou de ser apenas uma diversão da juventude pobre e favelada do Rio de Janeiro. Atualmente, o funk carioca, além de ser uma espécie de porta-voz dessa juventude, é uma prática musical que não só penetrou o universo da chamada classe média, mas também se transformou em uma cadeia de produção e consumo, criando novas oportunidades econômicas sobretudo para os jovens de baixa renda.

O funk carioca incluiu a criação e a profissionalização de diversas categorias de trabalhadores (DJs, MCs, operadores e produtores de som, músicos e dançarinos e dançarinas, para citar apenas alguns exemplos), bem como transformou alguns agentes, em sua origem pequenos produtores independentes, em empresários culturais. Além disso, atualmente, o funk é veiculado tanto na grande mídia (aqui me refiro a programas de rádio FM e canais de televisão aberta), quanto também é disseminado por canais alternativos de difusão (meios eletrônicos de comunicação como os blogues, filmes no youtube, etc.)

O impulso básico do "mercado funkeiro" ocorreu na década de 1990. Para compreender esse processo, vale destacar alguns argumentos de Hermano Vianna presentes em sua etnografia sobre o funk realizada na década de 1980. Em seu livro *O mundo funk carioca* (1988), o autor mostra que, nesse período, as músicas consumidas nos bailes funk eram essencialmente um produto importado. Para Vianna, os bailes funk "não servem para nada" e a identidade dos funkeiros é "puro gasto" (Vianna, 1988, p. 102). Além disso, o autor afirma que o funk "norte-americano é a maior diversão de centenas de milhares de jovens de camadas populares que moram no Rio de Janeiro" (Vianna, op. cit., p. 109); que "participar do mundo funk carioca só constitui uma identidade nos moldes clássicos para o pequeno grupo de donos de equipe e discotecários que vivem todo o seu cotidiano em função dos bailes" (id., ibid., p. 105); que para estes o disco é um produto descartável, tanto quanto a música é para os dançarinos, que "não conhecem o nome dos sucessos nem dos artistas", e que,

> de alguma forma, estamos diante de um exemplo daquilo que Oswald de Andrade chama de Antropofagia: "só me interessa o que não é meu" (...). E muito além da antropofagia: o Rio não devolve ao mundo outra maneira de se fazer hip hop. Tudo

termina no baile. O comércio musical é uma via de mão única. As tentativas de se fazer um funk brasileiro que também fosse consumido nas festas até hoje fracassaram (id., ibid., p. 101-102).

Radicalmente opostas são as situações que se configuram nos anos 1990 e aquela que é desenhada, atualmente, no período de meu trabalho de pesquisa. Os funkeiros de um modo geral "utilizam o baile para muita coisa": não só como diversão e fonte de inspiração para a construção de um estilo que se dissemina pela cidade, mas também como uma profissão e uma forma de existência pública.

Se, nos fins da década de 1990, o funk já introduzira e reforçara oportunidades de trabalho para jovens pobres, no final da década de 2000, a popularidade do funk foi de tal maneira ampliada que, mesmo sem nenhum incentivo do Estado, o funk passou a movimentar cerca de dez milhões de reais por mês na cidade do Rio de Janeiro. O funk também passa a ser exportado, devolvendo ao mundo sua maneira local de fazer hip-hop. Ao se referir ao funk como uma invenção de mercado, Jane Souto (2006) destaca que esse foi um caminho que se fez à margem ou nos interstícios do sistema, ou seja, que não foi impulsionado nem pelo Estado nem pela lógica empresarial – uma trajetória típica dos produtos culturais da diáspora africana contemporânea (cf. Forman, 2002; Rose, 1994).

Durante a década de 1990, o funk tornou-se "carioca", ou seja, passou a ser produzido no Rio de Janeiro. A maior parte dessas produções musicais surgiu nos concursos chamados "Festivais de Galera", realizados naquela época por várias equipes de som que existiam na cidade. A identidade das galeras era determinada por territórios, que podiam coincidir ou não com uma favela. Os festivais eram compostos por várias etapas e uma delas era a etapa do rap, que se tornou a mais popular do festival. Quando se referem a esse período, os MCs frequentemente destacam que a participação nos festivais era vista por eles como uma grande diversão e, ainda, como uma possibilidade de trabalho, uma vez que o funk, naquele momento, começava a ser produzido na favela.

Na época dos festivais de galera, ocorreu o "abrasileiramento" do funk, ou seja, a música afro-americana consumida nas favelas e nos subúrbios é substituída pelos "funk-raps" produzidos nas próprias favelas pelos jovens desses locais. Assim, o funk brasileiro é desde o início o resultado de um intenso hibridismo: uma mistura entre a cultura hip-hop e as performances negras locais, como o samba e a capoeira. Os MCs do funk não só surgiram nesse contexto, mas também, juntamente com as equipes de som e DJs de funk, foram um dos principais agentes desse processo. A entrada desses MCs foi fundamental para que o funk ganhasse popularidade fora das favelas e subúrbios e, também, para que essa performance híbrida passasse a ser compreendida como algo efetivamente carioca e/ou nacional.

Embora sejam várias as expressões culturais e ritmos produzidos ontem e hoje nas periferias cariocas, o funk passa a ser o ritmo privilegiado dessa juventude. Um dos motivos para essa preferência reside no fato de o funk ser uma música cujos processos de gravação e distribuição são mais acessíveis (fáceis e baratos) quando comparados a outros ritmos produzidos por artistas também oriundos de favelas e subúrbios, como o samba e o pagode. Vale destacar uma fala de MC Dolores, que teve o início de sua carreira nesse período:

> Eu sempre quis ser cantor, eu vivia cantando pagode, samba. Mas o caminho do funk é muito mais fácil do que o caminho do pagode. O pagode, o samba é (sic) muito difícil, apesar de ser (sic) também cultura da favela. Aí entrei para o festival, que era também uma grande brincadeira, a maior diversão das galeras. Fizemos o rap e ganhamos, mas nunca imaginamos que o funk daquela brincadeirinha fosse virar o que virou. Mas

infelizmente hoje tentam colocar a gente fora dessa brincadeirinha e a gente tem de lutar porque somos a raiz disso tudo.[12]

Para Yúdice (2006), o funk brasileiro atualmente ocupa o mesmo espaço do samba mais tradicional. Porém, para esse autor, os funkeiros em nada se identificariam com os sambistas. No entanto, como pude observar em meu trabalho de campo, assim como no relato de MC Dolores, quase todo funkeiro queria ser um sambista, e quase toda dançarina de funk, uma passista. Assim, não se trata de uma "falta de identificação", mas de uma reinvenção do próprio samba, de acordo com o contexto específico e com os recursos disponíveis desses jovens. É preciso lembrar que a ascensão do samba à música nacional coincide com a elitização dessa prática musical e seus respectivos processos de produção, de distribuição e de consumo. Portanto o funk coloca-se como um trabalho artístico acessível e sensível à cultura do jovem favelado (ou como diz MC Dolores, um trabalho que é "cultura da favela").

Porém ainda que o funk seja uma forma de trabalho para a juventude pobre, muitos desses MCs argumentam que foram explorados nesse processo de crescimento do funk ou, nos termos do próprio artista, ficaram de "fora dessa brincadeirinha". Segundo eles, o capital e o prestígio construídos no funk ficaram concentrados nas mãos de alguns poucos produtores, que atualmente são donos de editoras e programas de rádio e TV de funk.

Como mostra Essinger (2005), pouquíssimos foram os MCs de funk que gravaram um disco individual, a maior parte deles foram MCs de um único sucesso. Porém esses não podem ser classificados como cantores de *hits* que "cantaram uma única música de um único verão" (Dias, 2000, p. 78). Muito pelo contrário,

---
[12] Depoimento coletado em julho de 2008 na TV Roc, uma TV comunitária situada na Favela da Rocinha.

esses artistas produziram funks que atravessaram verões e gerações, sendo tocados até os dias atuais. Nesse sentido, MC Dolores reivindica que esses MCs também seriam "a raiz disso tudo".

Mesmo havendo um consenso entre MCs, DJs, produtores e donos de gravadora sobre a importância desses MCs e de suas criações para o funk carioca, a forma pela qual o funk passa a ser gerenciado e comercializado é um tema bastante polêmico no mundo funk. Passo, agora, a discutir em detalhe as controvérsias sobre essa temática, explicitando os argumentos e contra-argumentos que permeiam os bastidores do mundo funk carioca sobre o funk de raiz e a produção funkeira atual.

3.2 Empresários e MCs: exclusão e hierarquia do mercado fonográfico

Os anos de carreira do DJ e empresário Grandmaster Rafael praticamente coincidem com a idade do funk carioca. Em umas das entrevistas que realizei com Grandmaster, o DJ diz que os MCs "da antiga" perderam espaço na indústria funkeira, pois eles teriam "parado no tempo" e deixado de acompanhar as mudanças ocorridas no funk nos últimos dez anos, como mostro no fragmento a seguir.

> Eles ficaram parados no tempo e a música é dinâmica, ela não para, entendeu? Não dá pra hoje a gente ficar tocando os funks do passado, a coisa evolui, a geração que ouve é outra. Então o pessoal reclama por causa disso. Eu acho uma grande besteira, a coisa foi modificando. E quem acompanhou, continuou trabalhando nisso e aceitou a mudança naturalmente, entendeu?[13]

....
[13] Depoimento coletado no Estúdio de Rafael em março de 2008.

No entanto, para os MCs "da antiga" isso aconteceu porque os artistas do funk são frequentemente explorados e não têm os seus direitos reconhecidos, como apresento a seguir na fala de MC Dolores.

> Eu acho que teve uma reviravolta porque o tempo passa e... os MCs da antiga, eles vão se amadurecendo, vão descobrindo o que têm por direito, vão ficando experientes (...) Daí então os empresários mercenários que gostam de criar artistas em forma de consumo, monopólio comercial do funk, vão criando uma nova geração do funk, pegando aqueles artistas inexperientes que não sabem o que têm direito e exploram. Aí quando o artista cai, pegam outro artista e vão criando novas gerações do funk, mas com o nome de funk, e a gente que começou com isso tudo, veio do sofrimento, veio do fundamento, a gente fica só chupando o dedo enquanto eles tão comendo filé mignon. Mas não tem nada não, mas mesmo assim a gente tá ciente que não vai deixar a peteca cair e continua lutando, porque o guerreiro não morre, o guerreiro continua... o guerreiro descansa e continua na luta.[14]

Inabilidade de alguns MCs para acompanhar as contínuas mudanças do mercado fonográfico, como ressalta DJ Grandmaster? Ou um tratamento dos intérpretes e dos compositores do funk como peças descartáveis facilmente substituídas por outras, como coloca MC Dolores?

Frequentemente, esses são os dois argumentos contraditórios acionados nos bastidores do mundo funk. Por um lado, para alguns DJs e produtores de funk isso ocorreu, pois houve uma mudança no funk, que não foi acompanhada por esses MCs, chamados por alguns de MCs "da antiga". Por outro lado, os MCs reivindicam que as maiores editoras de funk do Rio de Janeiro

---

[14] Depoimento coletado em abril de 2008 na Rocinha.

estão sempre em busca de novos talentos nas favelas, pois se trataria de jovens que – como os "MCs da antiga" foram um dia – não têm consciência dos seus direitos como músicos e como MCs.

Cabe destacar que o funk não é apenas uma prática criativa e uma forma cultural, mas também um produto sonoro de estúdio a ser reproduzido e comercializado. Há, portanto, o envolvimento de inúmeros agentes em sua construção: compositores, produtores, cantores, gravadoras, engenheiros de som etc. Assim, quando falamos de música de estúdio, falamos também de um produto de mercado e das leis que a regem e determinam o seu valor: os *copyrights* ou os direitos sobre essa música. Como aponta Morelli (2000), os bastidores da indústria fonográfica e do direito autoral podem revelar muitos aspectos sobre as relações entre arte e mercado. Não é meu objetivo aqui entrar na discussão sobre modernidade, indústria fonográfica e direitos autorais, mas só destacar como esta também é uma dimensão inerente à criação artística, que determina não só o valor do objeto artístico, mas também o tipo de interação entre os diversos agentes envolvidos na produção cultural e o tipo de hierarquia estabelecida entre eles.

O principal argumento sobre as leis dos direitos autorais é o de que tais leis seriam uma forma de reconhecimento legal do valor do trabalho criativo do artista (Frith e Marshall, 2004). Porém, frequentemente, os artistas (aqui me refiro aos compositores e aos intérpretes) estão situados numa posição muito fraca para garantir os seus direitos. Como autores, eles deveriam ser os mais privilegiados na lei dos direitos autorais, mas são totalmente dependentes de outras agências para a publicação, reprodução e distribuição de seus trabalhos para o público. Além disso, o "poder de barganha" desses mesmos artistas com as editoras e as produtoras não é forte. Em outras palavras, o capital financeiro desses músicos, bem como a sua projeção e *status* na indústria fonográfica, é muito pequeno diante do poder desses outros atores. Assim, para ganhar retorno financeiro com sua arte e seu trabalho, eles têm de conceder muitos de seus direitos (na maioria das vezes, seu único capital) para as editoras e produtoras. Nesse sentido, Frith (2004) ressalta que a história da música é a história de compositores e artistas, bem como a história da exploração de seus direitos.

É preciso destacar que o funk carioca surge num circuito marginal de difusão, independentemente das produções e das pressões do mercado fonográfico nas décadas de 1980 e 1990. No entanto, a partir do momento em que ele é "inventado" como um produto de mercado, passa também a ter suas regras compatíveis e inseridas na lógica reguladora do mercado fonográfico, principalmente no que diz respeito à interação entre compositores e editoras.

Ao fim da década de 1990, a indústria fonográfica passou por uma das mais graves crises enfrentadas pelo setor. Como mostra Dias (2000), uma das consequências dessa crise foi a proliferação de pequenas empresas produtoras de discos, as quais, aliadas às facilidades postas pelo desenvolvimento do aparato tecnológico, começam a especializar-se em gêneros específicos. É nesse contexto que devemos compreender a terceirização de serviços e o aparecimento de produtoras independentes no Brasil.[15] Nesse período, o "garimpo de novos talentos" foi terceirizado, ficando por conta de selos independentes com os quais as grandes *multinacionais* fechavam contratos de distribuição.

É, portanto, por meio dessas produtoras independentes que o funk carioca passa a ser divulgado e regulado. A partir do fim da década de 1990, são quatro as grandes multinacionais no Brasil – Sony BMG, Universal Music, EMI e a Warner Music Group – e

---

[15] Ainda que sejam inúmeras as empresas abarcadas pelo rótulo "Produtora Independente", de um modo geral, passaram a configurar-se como produtoras de serviços das grandes empresas, ou seja, das chamadas *majors* multinacionais (Dias, 2000).

duas as principais produtoras independentes de funk na Cidade do Rio de Janeiro – Link Records e Furacão 2000. Os donos dessas produtoras também são os donos dos principais selos e da maioria dos programas de funk nas rádios e na televisão. Nesse sentido, MC Leonardo, um dos poucos MCs que gravou, juntamente com seu irmão, MC Junior, um CD solo, destaca como na indústria funkeira haveria um "monopólio". Segundo o MC,

> Existe uma "monocultura do funk", você só escuta um tipo de funk e não pode existir só isso. O problema é que há um monopólio no funk. Os mesmos caras são donos de tudo: do selo, da gravadora, da rádio, da TV, de tudo. E o funk é da favela. Ele é produzido, composto, cantado, divulgado, tudo dentro da favela. Todos os funks que você ouvir em qualquer lugar tiveram que tocar primeiro na favela para depois sair no mercado. E a favela não fica com nada.[16]

Assim, embora o funk tenha se estabelecido como uma possibilidade de emprego para inúmeros jovens favelados, não é correto afirmar, como argumenta Hermano Vianna, que o funk seria uma espécie de "folclore", ou seja, algo que "pertence a todos".[17] É possível reconhecer que, como uma manifestação cultural, o funk é de todos, mas é preciso dar um passo adiante. Atualmente, o funk é também um produto a ser comercializado em um mercado que é, nitidamente, monopolizado, ou seja, para a indústria funkeira, o funk tem dono! Segundo os MCs, as empresas de funk estabelecem uma série de contratos altamente abusivos: muitas vezes os MCs cantam de graça em casas noturnas (para eles paga-se apenas

---

[16] Entrevista de MC Leonardo concedida ao jornal *Vozes da Comunidade*. "Funk: um grito de Socorro que ecoa das comunidades". Disponível em: <<http://apafunk.blogspot.com/2009_03_01_archive.html>>. Acesso em: jul. 2009.

[17] Vianna, H. "A música paralela". *Folha de S.Paulo*, São Paulo, 12 out. 2003. Mais!

o dinheiro do transporte), têm as suas imagens divulgadas gratuitamente em produtos dessas empresas, não tendo sequer seus direitos pagos nos termos da lei. Esses termos, por sua vez, são estabelecidos por meio de contratos em que os MCs cedem boa parte de seus direitos autorais para tais selos.[18]

Em uma das entrevistas realizadas com DJ Marlboro, o principal personagem do funk carioca na cena da grande mídia, o DJ argumenta que o mercado do funk carioca possui suas próprias regras. Segundo ele,

> Quando eu comecei, eu trabalhei dois anos de graça, dois anos eu fui explorado, eu não ganhava nada. Então eu acho que a mesma coisa acontece com MCs, com os artistas, o negócio é assim: eu toco a sua música e você faz show de graça pra mim. Aí depois a gente paga um pouco, a gente chama esse pagamento de "o dinheiro do carro", uns 100 reais. E pra um garoto da favela ganhar 100 reais por noite é muito! Se não fosse o funk, ele ia trabalhar o mês todo pra nem ganhar um salário mínimo (...) é tipo assim, o funk, é um mercado que tá se modelando (...) Então eu acho isso, existem as regras do mercado fonográfico, de editora, de gravadora, é regra estabelecida mundialmente, mas como esses movimentos musicais ficaram marginalizados pelas grandes gravadoras, eles fizeram o seu próprio mercado, sua própria maneira de sobrevivência (...).[19]

---

[18] Principalmente no que diz respeito a uma parte dos direitos conexos chamados de direito fonográfico. Este diz respeito à lei que legisla sobre a interpretação do artista fixada em um suporte ou em algum meio que seja apto para a reprodução. Conforme informações coletadas em campo, os MCs frequentemente assinam contratos segundo os quais detêm apenas 4% do fonograma e, além disso, esses contratos são vitalícios. Na música de um modo geral, o direito fonográfico é o direito que dá privilégio às editoras, mas, diferentemente dos contratos que são assinados com os selos de funk, os contratos fonográficos com editoras de outros gêneros musicais nunca são vitalícios, durando, no máximo, 10 anos.

[19] Depoimento coletado em agosto de 2008.

Nos bastidores do mundo funk, DJ Marlboro ocupa uma posição de dominação, pois ele é o maior produtor e empresário de funk carioca. Situado nesse lugar, ele justifica as suas ações pelas que sofreu: "Eu fui dois anos explorado." Numa lógica perversa, ele acaba reproduzindo as relações de exploração, pois, segundo ele, para um garoto de favela o pouco (100 reais por show)[20] é muito! Ainda que o funk seja uma das principais culturas populares de massa do país, o posicionamento desse empresário não só mostra o abandono dessa prática musical pelo Estado, que poderia funcionar como uma espécie de assegurador das necessidades coletivas dos artistas, mas também evidencia que esse mercado funkeiro acaba funcionando como uma frívola fórmula de homogeneização, ou, como diz MC Leonardo, transforma o funk em "uma monocultura".

Ao estudar a música e o mercado fonográfico que se desenvolve às margens dos sistemas formais de economia, Larkin (2004) destaca que, ao mesmo tempo em que tal mercado pode ser uma possibilidade de acesso e consumo para a população pobre, também acaba formando suas regras rígidas com suas formas de exploração semelhantes às da indústria *mainstream*.

São frequentes os casos de MCs que assinam contratos vitalícios com as editoras, uma prática que não é usual no mercado fonográfico. Além disso, toda essa negociação é feita num contexto específico da indústria fonográfica em que há uma relação altamente desigual

---

[20] Como acompanhei em minha pesquisa de campo, os artistas ganham entre 100 e 200 reais por show, mas não lucram o total desse montante, uma vez que é divido entre várias pessoas: motorista, empresário individual e dançarinos. Vale destacar que, atualmente, existem vários grupos de funk, chamados de bondes, compostos por três ou mais integrantes. Os integrantes ganham e dividem essa mesma quantia. Como forma de ganhar um pouco mais, os artistas chegam a fazer de três a seis shows por noite nos mais distantes pontos da cidade. Não por acaso, há inúmeros acidentes de carro envolvendo artistas de funk.

entre músicos, editoras e produtoras. Desde a década de 1970, vem crescendo o privilégio dos produtores e das gravadoras sobre as músicas, quando comparados aos seus compositores e intérpretes (Negus, 2002). Ademais, nesse mundo pop, o aumento da tecnologia acabou por baratear os custos de produção das gravadoras, gerando um tipo de música *"faceless"* (ou seja, músicas "sem rosto" – oculto por trás de uma "parafernália tecnológica") (Herschmann; Kischinhevsky, 2005). Assim, os ídolos duradouros foram substituídos por essas máquinas *faceless*. No funk carioca, pouquíssimos são os artistas que se tornam "caras" conhecidas, mesmo que suas músicas tenham se transformado em grandes sucessos que atravessaram gerações.

Porém, o mesmo não pode ser dito sobre alguns poucos DJs de funk que também são os donos de produtoras, editoras e programas de funk. Nesse sentido, o funk há mais de dez anos vem produzindo artistas descartáveis de músicas duradouras. Entretanto, para a grande mídia, o "rosto" que incorpora esses textos sonoros são esses poucos empresários do funk, que comandam o monopólio do mercado funkeiro.

3.3 Em cena: invenção da tradição "funk de raiz"

Esses conflitos e as relações de exploração dos bastidores fizeram com que alguns artistas entrassem em cena no mundo funk, significando as suas identidades como performances explicitamente políticas. Esses funkeiros começam a se autodenominar funk de raiz e passam a organizar e enunciar o funk carioca como um movimento cultural e político.

Cabe destacar que a reivindicação de uma "raiz" para o funk (re)inventa uma tradição. Em outras palavras, a "raiz" dessa identidade não é uma "verdadeira essência" fixada numa arqueologia histórica, mas sim uma construção "estratégica" (Spivak, 1994) de uma identidade coletiva, que se constitui à medida que os sujeitos se engajam num exercício de narrar a si próprios, estabelecendo "vínculos com" e "recontando um" passado. A "raiz" não é uma essência original de um passado incontestável, mas uma reivindicação política do presente. A raiz de uma identidade é algo a ser (re)inventado dialogicamente e não descoberto. Portanto, parto do pressuposto de que interpretar a identidade da "raiz" do funk carioca é dialogar com as reivindicações do presente de sujeitos inseridos em estruturas de poder.

Em minha pesquisa de campo, acompanhei a criação dessa identidade de "raiz". Aliás, mais do que acompanhar, participei ativamente do processo de formação e organização dessa identidade. Assim, dois espaços foram fundamentais para a construção e consolidação da identidade do funk de raiz. O primeiro deles foi a criação de um espaço de divulgação na internet: um site chamado Funk de Raiz; e o segundo foi a organização de rodas de funk, eventos nos quais as performances politizadas do funk de raiz são encenadas.

Além de projeção, esses espaços proporcionaram uma interação não só entre os diversos funkeiros, mas também entre estes e um público específico, composto por estudantes, professores e militantes de esquerda. Nesse sentido, poderíamos dizer que a identidade do funk de raiz é uma coprodução em que os artistas começaram a reconstituir a si próprios e a suas histórias não só no espaço multimídia (com os textos visuais e escritos – produzidos por eles e pelo público que acompanha o funk de raiz), mas também nas rodas, eventos onde ocorriam a interação direta, e a performance do funk era encenada como um tipo de ativismo político.

Destacarei, a seguir, fragmentos de entrevistas coletadas em campo e uma página do site funk de raiz, bem como explicito um relato etnográfico sobre uma das rodas.

No início do ano de 2008, o site Funk de Raiz, mantido pela fã Cláudia Duarcha, ainda era um blogue que tinha o nome Clássicos do Funk. Após um problema de denúncia de roubo de nome na internet, a organizadora transforma o blogue em site com um novo nome: Funk de Raiz (cf. figura na página seguinte). Esse movimento contribuiu muito para a politização e para a popularização dessa vertente do funk. Mais do que nunca, os funkeiros começaram a se identificar com tal definição e a reivindicar tal identidade. Vale lembrar que o termo "raiz" reinventa certa tradição para a identidade de um gênero musical.

No ano de 2008, realizei a minha pesquisa de campo juntamente com a organizadora do site, Cláudia Duarcha, e com a professora Adriana Facina. Após as entrevistas que efetuávamos com os artistas, publicávamos ora as entrevistas na íntegra, ora textos com os perfis de cada um deles – como o texto sobre MC Dandara, conforme a figura destacada nesta sessão. Além disso, outras pessoas, como os próprios artistas de funk e alguns intelectuais que participavam do Movimento Funk é Cultura, tinham seus textos publicados nesse site. Entendo que o site foi um espaço fundamental para que vários sujeitos do mundo funk (e eu me incluo entre eles) pudessem, de alguma maneira, dialogar e "literalizar" (Benjamin, 1994) a sua própria experiência nesse universo, ou seja, um espaço no qual podíamos tomar a palavra e nos projetar publicamente.

Desse modo, o site foi uma ferramenta fundamental para a politização do funk, mas também para a politização de minha pesquisa: o meu trabalho de campo transformou-se num tipo de militância no mundo funk. De alguma maneira, esse espaço proporcionou uma certa vivência no mundo funk, por meio da qual eu

FUNK DE RAIZ

Em meados dos anos 90, há uma pequena reviravolta no mundo Funk. As equipes de som promovem Festivais de Rap's nas favelas onde haviam bailes e lançam em dinheiro as gravações lá realizadas. Assim surgiram os MC's cantando funk nacional, conhecido como RAP. Demos identidade a tudo que era chamado de clássico, antigo e/ou velho. Hoje, a história dos artistas nos legitimaram o Funk como movimento cultural e genuinamente carioca foi qualificada e eternizada por nós como Funk de Raiz.

Home | Contato | Contatos p/Shows | DVD | Historia dos MCS | Musica | Politica de Privacidade | Videos

Home » HISTORIADOSMCS » MC Dandara

MC Dandara

Postado por Funk de Raiz em 13/07/08 | comentários: 1

Dandaras são guerreiras, lindas pérolas negras. Dandara foi mulher de Zumbi dos Palmares, mas é também o nome artístico de Idaulina Alves da Silva. Os olhos entenrecidos dessa moça contrastam com a sua voz potente, quando MC Dandara conta e canta a sua história. Desde pequena, em Cururupu no interior do Maranhão, Idaulina tinha uma meta, queria ser cantora.

Nessa época, morando nas ruas e carregando bolsa de madame na saída dos mercados, Idaulina ansiava pelo dia em que mostraria a sua arte na cidade grande. Ela ouvia Alcione, Beth Carvalho e Ney Matogrosso nas rádios e sonhava. Idaulina ficou poucos anos na escola, nunca aprendeu partitura, ou como ela diz: "nunca soube o que é um tom", mas de tanta determinação, aprendeu sozinha a transformar seu difícil cotidiano em canções, compondo letras e fazendo arranjos. Aos dezesseis anos chegou a Rodoviária da cidade do Rio de Janeiro com uma única certeza, a de que se ela soubesse cantar "mam ouvir a sua voz". Essa Garota Guerreira diz que sonha, mas com o "corpo inteiro no chão". Depois de fazer muita "faxina pras brancas", Idaulina tirou o primeiro endereço fixo no Rio de Janeiro, no bairro da Taquara, onde fez amigos queridos e montou uma barraca de doces para garantir o seu próprio sustento, pois nunca gostou de pedir dinheiro a ninguém e sabe que cantar é um trabalho espinhoso.

Hoje, a barraca de Idaulina é conhecida nas redondezas como a barraca de MC Dandara. Lá, não só a crítica social e os tempos ruins, como também as brincadeiras e os tempos em que alguém "se-foi-e-me-deixou" transformam-se em doces canções. Idaulina cria sambas, forrós, pagodes, mas é no funk que Idaulina vira MC Dandara. Na década de 1990, inspirada pela imagem da única preta de prestígio que via na TV, Idaulina compôs e cantou funk paradefender a sua irmã de cor, a então Senadora Benedita da Silva.

Em 1995, participou juntamente com seu amigo MC Biano do Festival de Rap no Merck, ganhando primeiro lugar com o "Rap da Benedita". Para Dandara, o funk é mais do que música e profissão, é "a linguagem da favela". Em 2006, Dandara lançou as coletâneas "Funkão do Tamborzão" do DJ Marlboro, o chamado "Rap do Alcatraz". Para ela, esse rap é um "grito de socorro", pois "hoje, a favela é como uma prisão para muitos. Muitas pessoas de lá não conseguem sair, pois sofrem com a pobreza e o preconceito dos ricos e brancos."

Idaulina utiliza o funk para criticar o racismo e o preconceito, mas também para brincar com a vida. MC Dandara é versátil e também compõe músicas com conteúdos pra lá de sensuais. E compositora de tanta criatividade que, para cada funk, Dandara faz duas versões; uma para as rádios e outra para os shows. Com um funk que é grande sucesso nas pistas e nas rádios, Dandara leva a platéia ao delírio, quando celebra a sensualidade feminina, cantando a música "Pode me chamar de Boa".

MC Dandara ousa e já que a sociedade trata mal das prostitutas é, em nome delas, que ela compôs o rap "Prostituta de Elite". Mas Dandara também é irônica. De tanto ouvir falar das "mulheres melancia, melão, maçã", MC Dandara preparou o rap sa "Mulher Jamelão" em que ironiza o mundo funk nos seguintes versos:

"se funk virou fruta/ o baile virou um saculão/ sou Dandara, tô na onda/ sou a mulher jamelão"

MC Dandara transforma tudo em canção e crítica a nova onda do funk que só valoriza as letras pornográficas. Agora, em fase de preparação de um novo CD, Idaulina está reunindo funks que mostram as diversas facetas de Dandara Guerreira. Com músicas como "Mulher Jamelão", "Chicholina" e "O Baguiho que tu escolheu", Dandara solta a sua voz potente, entoando funks com letras sensuais e com letras conscientes.

MC Dandara é crítica e espera que com seu novo CD, ela possa mostrar que "o funk pode (e deve) falar de sexo, mas o funk é também a língua da favela e tem muito mais recado para dar".

Baixar "Rap da Benedita"
http://www.4shared.com/file/64165345/6a08604/Dandara_e_Biano_-_Rap_da_Benedita.html

Baixe "Pode me chamar de boa"
http://www.4shared.com/file/88523694/5f2c0721/Dandara_-_Pode_me_chamar_de_boa.html

Créditos Texto/Foto: Adriana Carvalho Lopes - Drica Lopes

Posts Relacionados

Força do Rap | Rei sem coroa | MC's Moicés e Pinho | MC's Berrô e Dorré | Billy Star Bius | MC's Suel (da memoria) e Amaro

POSTADO POR FUNK DE RAIZ
MARCADORES: HISTORIADOSMCS

PREMIO TOPBLOG 2011

ESTE BLOG ESTÁ CONCORRENDO AO TOPBLOG 2011

GOOGLE

FACEBOOK | TWITTER

MP3 | CANAL YOUTUBE

Nº VISITAS
581638

ASSINE

Translate:
Selecione o idioma
Powered by Google Tradutor

POSTS RECENTES

Roda de Funk em Santa Cruz | Arquivo MP3

A ressignificação do funk carioca | Cantor de axé e funk Junito James Brown e faz favela carioca vibrar | Um Outro Olhar Sobre Ela

COMENTÁRIOS

ESTAMOS PRECISANDO DE UM EVENTO DESSE AQUI EM VITÓ... - paulo

amei a matéria, como digo e repito hoje em dia cari... - Débora Machado

Curti muitos bailes do corredor a parte ruim q nunc... - luciana

Conheci a Cash Box nos anos 70, na efervescência do... - juvenal

tive o prazer de assistir o show dessa bandazaa m... - neterosas

MARCADORES
- DIVULGAÇÃO (179)
- NOTÍCIAS (110)
- APAFUNK (90)
- HISTORIADOSMCS (90)
- CULTURA (55)
- RODA DE FUNK (52)
- LEIS (42)
- ARTIGOS (41)
- FOTOS (37)
- PROJETOS (30)
- SHOW (25)
- RECORDAR (22)
- ENTREVISTAS (20)
- MELHOR BLOG (8)
- PREMIO (6)
- EQUIPEDESOM (4)
- POLITICAPRIVACIDADE (4)
- RECOMENDO (4)
- ANDANÇAS (3)
- MP3 (2)
- CONTATO SHOW (1)

pude contribuir publicamente para a construção dos significados e das relações sociais que constituem o universo funkeiro. Assim, parecíamos inverter os termos do método etnográfico: em lugar de um exercício de "observação participante", realizávamos uma "participação observante" (Whyte, 2005). Dito de outro modo, mais do que espectadoras ou leitoras, tornamo-nos, ao lado desses artistas, produtoras ou autoras de textos que circulam no funk e representam parte desse universo.

O objetivo do site é fornecer visibilidade pública para inúmeros MCs que foram os autores dos primeiros funks nacionais e, por conseguinte, os principais responsáveis pelo abrasileiramento desse ritmo. Cabe destacar a importância linguística (logo, social) do site na constituição dessa identidade do funk. Até o aparecimento do site em 2008, esses artistas não tinham visibilidade na "cena" funkeira contemporânea. Com isso não estou querendo dizer que esses artistas não existissem, pois a maior parte deles nunca deixou de produzir e trabalhar desde o início dos anos de 1990. Porém, como mostra Canclini (2008), no contexto atual, para que as identidades locais ganhem existência pública, é de extrema importância que sejam representadas em espaços de multimídia. Esses MCs, que durante anos deixaram de aparecer publicamente, encontraram no site, mais do que uma narrativa de suas memórias passadas, um local no qual suas identidades passaram a ser "re-nomeadas" num espaço de multimídia como parte integrante do funk carioca. Considerando que as identidades só passam a ter existência quando são nomeadas (Butler, 1997), o site não só trouxe visibilidade pública para esses artistas, mas também os (re)inventou como uma coletividade e lhes forneceu um espaço no qual poderiam agir como autores/produtores textuais.

Assim, o texto de apresentação do blogue, ao citar uma "primeira reviravolta" nos anos de 1990, acaba por contribuir como uma "segunda reviravolta" no funk no ano de 2008. Com fotos e as histórias da carreiras desses artistas, o site fornece uma pluralidade de "caras" e particularidades para o mundo funk. Artistas "esquecidos" ou silenciados nas cenas atuais do funk são significados como a sua origem. A visibilidade proporcionada pelo site fez com que alguns artistas reanimassem suas carreiras, fornecendo para si, para as suas trajetórias e para o funk um novo sentido.

Se o site foi uma ferramenta fundamental por meio da qual os artistas interagiam virtualmente e viam suas identidades reiteradas novamente na cena funk, as rodas de funk foram eventos cruciais para o contato direto entre eles e para que o funk começasse a tomar um formato de um movimento cultural e político e, além disso, para que os funkeiros passassem a entender a sua arte como um tipo de militância, como mostro a seguir.

3.4 As rodas políticas

"Esse evento é acima de tudo um evento POLÍTICO, é uma roda POLÍTICA!" (MC Leonardo na abertura e apresentação da Roda de Funk realizada na Central do Brasil.)

"O funk me levou para a luta e a luta trouxe muita gente pro funk" (MC Leonardo na apresentação de uma Roda de Funk).

"O microfone é nossa arma para lutar contra o preconceito" (MC Pingo em uma apresentação de Roda de Funk).

"As rodas foram idealizadas como um espaço onde os artistas, excluídos do mercado funkeiro, discutiriam sobre seus direitos, sobre arte e política e trocariam experiências. Tudo isso sempre ao som de muito funk. Era preciso também ser ouvido pela sociedade e chamar a atenção daqueles que têm preconceito com o funk. Isso seria mais difícil, pois a cidade do Rio de Janeiro é toda dominada pelos empresários. Partimos para coisa alternativa, que no fim é tão ou mais importante que qualquer festa, que qualquer casa de show" (fragmento de entrevista com MC Leonardo, coletada apos a realização da Roda de Funk).

"Posso dizer que hoje o funk é mais importante pra mim. Antigamente era só a coisa da minha carreira individual. Hoje o funk é uma questão coletiva, é uma militância, um compromisso social. Isso que eu vejo na realização do Festival e nas Rodas de Funk" (fragmento de entrevista de MC Mano Teko, realizada na casa do artista).

Inúmeros são os estudos sobre o funk carioca que apontam que a identidade de seus sujeitos, se existe alguma, é algo efêmero e totalmente apolítico. No Rio, os críticos culturais normalmente veem os funkeiros como alienados. Os rappers (do movimento hip-hop) endossam essa opinião e até lançaram um projeto para "converter a tribo funkeira". Segundo Yúdice (2006 p. 179), a cultura do funkeiro "rejeita a promessa de cidadania advinda dos políticos e intelectuais, sejam eles de esquerda ou de direita ou mesmo do Movimento Negro".

Radicalmente oposta é a situação na qual se configura a "identidade de raiz" do funk carioca. Assim acredito que não seja o caso de afirmar, como o faz Yúdice, que o funk "rejeita a promessa vinda de políticos, de intelectuais e do Movimento Negro", mas de perceber até que ponto, na curta história dessa prática musical, houve uma efetiva interação entre os funkeiros e esses sujeitos.

Nesse sentido, entendo que a identidade do funk de raiz é algo inédito não só para o universo funkeiro, mas também para os militantes de esquerda. A construção dessa identidade é uma espécie de coprodução que envolveu a interação entre alguns funkeiros – explorados nos bastidores e apagados da cena funk – e intelectuais, estudantes, professores e militantes de esquerda. É essa forma de interação que MC Leonardo significa em seu ato de fala, quando enuncia: "O funk me levou para a luta e a luta levou muita gente pro funk."

Portanto, por um lado, os funkeiros, ao interagirem com esses sujeitos, passaram a construir a sua arte como uma forma de mobilização social em torno da reivindicação e da promoção de seus direitos. Esse movimento fez com que a própria profissão e identidade funkeira fossem ressignificadas por esses artistas, como enuncia MC Mano Teko, "hoje o funk é uma questão coletiva, é uma militância".[21]

Por outro lado, para os atores de esquerda, a identidade funkeira, apesar de altamente heterogênea, deixou de ser vista como uma performance alienante e passou a ser compreendida como o resultado, ou melhor, como uma resposta subalterna a formas de opressão e exploração. Desse modo, a identidade do funk foi inserida num contexto mais amplo de luta contra o preconceito, a discriminação e a criminalização dos pobres, da população favelada do Rio de Janeiro e de suas práticas.

A saída da Estação Central do Brasil (um local público onde circulam milhares de trabalhadores), a universidade e as escolas públicas, o acampamento do Movimento dos Sem-Terra, as escadarias da Assembleia Legislativa do Rio de Janeiro, as delegacias de polícia onde funcionam o Projeto Carceragem Cidadã, as favelas ocupadas por policiais onde o funk é proibido: esses são os espaços alternativos nos quais esses funkeiros realizaram as Rodas de Funk.

Cabe destacar que faz parte da política do governo atual a implementação de "Unidades de Polícia Pacificadoras (UPP)" como uma forma de combater o chamado "tráfico de drogas". Como compreendi em minha pesquisa de campo, o termo "pacificadora" é um ato de fala que possui uma dupla força: por um lado, reifica e legitima um tipo de ação policial nas comunidades pobres para o resto da sociedade, ou seja, "a polícia (logo o Estado) lá está para fazer uma ação benéfica, uma pacificação"; por outro lado, dissimula e

---

[21] Revista *Vírus Planetário*. Disponível em: <http://virusplanetario.wordpress.com/2009/11/05/sexta-edicao-online-disponivel-2/>>. Acesso em: 5 nov. 2009.

esconde a violência contida nessa mesma ação. O termo "pacificadora" institui um significado positivo para a ação do Estado, mas "faz esquecer" que a "pacificação" só pode acontecer quando se parte do pressuposto de que um determinado local está em guerra. E como em toda guerra, todos os direitos dos indivíduos que ali se encontram estão suspensos, pois trata-se de inimigos. Assim, em nome da "pacificação", o Estado comete várias arbitrariedades contra a população que mora na favela, principalmente contra os sujeitos que se encaixariam no perfil sociológico dos supostos traficantes – ou seja, a grande maioria de jovens que vive em comunidades! Invasão de casas residenciais sem mandado policial, toque de recolher nas ruas após as nove horas da noite, proibição dos bailes funk nas favelas são apenas algumas das ações que o Estado executa e nomeia como "pacificadoras". Como uma forma de "lutar pacificamente" contra essa "pacificação violenta" do Estado, os MCs realizaram Rodas de Funk nesses locais.

Como uma forma de performativizar o caráter fundamentalmente político desses eventos e a ligação da identidade do funk com outros grupos de mobilização social, transcrevo aqui um relato etnográfico de uma Roda de Funk realizada no Rio de Janeiro, em 21-10-2008, dia das eleições para prefeito e vereadores no projeto Carceragem Cidadã.

3.5 Funk e voto: um relato sobre a arte nas fronteiras da cidadania

Dia de eleição para prefeitos e vereadores nas cidades brasileiras. Chego em casa por volta das 22h, ligo a tevê e vejo as notícias sobre a boca de urna, a vitória e a derrota de alguns candidatos no primeiro turno, o erros e os acertos das pesquisas eleitorais etc. Estava exausta, mas ainda continuava a mil por hora. Tinha presenciado um marco histórico, que talvez passasse despercebido para a maioria dos indivíduos. Mas não para o grupo de pessoas que estava na 52ª Delegacia de Polícia de Nova Iguaçu: tanto para os presos provisórios, delegado e agentes carcerários, quanto para os amigos e profissionais do funk, para militantes do Movimento Sem-Terra, intelectuais e jornalistas de esquerda, aquela data ficaria na memória.

Pela primeira vez na história deste país, presos provisórios exerciam um direito que, teoricamente, sempre tiveram: o direito ao voto. É cruel pensar que, ao mesmo tempo em que o Estado enuncia a cidadania para todos, comete soturnamente um crime eleitoral, impedindo determinados sujeitos que têm direito ao voto de exercê-lo. Acredito que essa contradição mostra os silêncios que os termos "direito universal" e "igual para todos" evocam. É como se o espaço onde se exerce essa "universalidade de direitos" só se constituísse pelo contraste com territórios de um "outro" que incorpora tudo aquilo que se opõe a uma pretensa "civilidade." Territórios que são imaginados como zonas não habitáveis da vida social, que, todavia, são densamente povoadas por aqueles que nem sequer possuem *status* de sujeito.

A universalidade parece silenciar "indivíduos" e "territórios" não incorporáveis à lógica neoliberal, deixando para eles apenas as caricaturas de seres perigosos que assombram a nação. Não foi, portanto, o pequeno número de votos dos "presos provisórios" daquela delegacia que transformou nossa tarde em marco histórico, mas um evento que, aos poucos, com o voto e com o funk, quebrou, por alguns momentos, essas fronteiras sociais silenciosas com seus inúmeros desdobramentos perversos.

Assim que chegamos à 52ª Delegacia, Orlando Zaccone, delegado e escritor, que coordena o projeto Carceragem Cidadã, explicou que, apesar de as duas celas serem divididas de acordo com a rivalidade entre as facções, não haveria problema para um MC, habitante de uma determinada favela dominada por certa facção, entrar na cela da facção "inimiga". Aliás, complementou o argumento, dizendo mais ou menos assim: "aqui conseguimos milagre!! Uma facção emprestará o aparelho de som para a outra para que **a Roda de Funk** aconteça nas duas celas!!!"

Daí, já comecei a sentir um dos efeitos da arte, ou melhor, do funk e sua capacidade de comunicação na carceragem. Primeiro, que ironia: "inimigos" compartilhando algo como se fossem "amigos"! E, depois disso, ainda que com algum temor – ampliado pelo grande barulho que vinha das celas, e também pela expectativa de entrar em território desconhecido –, os MCs decidiram que cantariam em ambas as celas, independentemente do lugar onde moram. Afinal, como celebram nossos amigos funkeiros, "nós damos a festa só em troca de amizade".

Nas celas, os MCs tomaram palavra, mostrando que, para o movimento Funk, "não há neurose, pois a sua maior arma é o microfone". Aos poucos nosso temor foi desaparecendo, à medida que alguns "presos provisórios", embalados pelo batidão, entoavam juntamente com os MCs os maiores sucessos do funk antigo. Fiquei mais uma vez perplexa com o poder das composições de funk produzidas na década de 1990. Atualmente, a política de criminalização do mercado de drogas ilícitas nas favelas chegou a tal ponto que enunciar a pertença a uma delas pode significar uma sentença de morte. Mas, nos raps dos anos de 1990, a palavra *favela* tem nome próprio, sem ser, no entanto, propriedade de ninguém!! Nas letras desses funks, o nome de cada favela aparece para destacar que todas elas são "morros sangue bom" onde a diversão é "baile funk, paz e amor" povoada por jovens que são, antes de tudo, funkeiros de uma mesma "massa de valor". Mesmo com resistência e desagrado de algumas pessoas em entoar os nomes de certas favelas, foi nesse clima que os MCs mostravam que sua palavra cantada minava, aos poucos, as fronteiras simbólicas que interditam territórios como "perigosos" e transformam seus sujeitos em "estereótipos demonizados". Naquele dia, as pessoas eram muito mais do que o rótulo que elas carregam. Ainda que a condição insalubre do local nos lembrasse a todo o momento onde estávamos, o funk não só proporcionava interação direta entre todos, mas também instaurava outras possibilidades de existência para aquele local e para aqueles sujeitos. A gigantesca "classe de perigosos", que povoa a grande mídia e, logo, nosso imaginário, passava por inúmeras reformulações. Os "presos provisórios" transformaram-se em "plateia" ou até mesmo em mais um MC de funk. Vários sujeitos encarcerados, no momento da roda de funk, transformaram-se em MCs. Em determinado momento, pensei que, caso não conhecesse cada um dos artistas de funk que foram até a delegacia, seria difícil distinguir quais os MCs que estariam ali só para aquela visita e aqueles que estavam temporariamente encarcerados. Na verdade, a maioria possuía o mesmo "perfil sociológico": negros, pobres e, provavelmente, moradores de favelas. Isso reforçava não só a identificação entre eles, mas fazia com que aquela celebração também fosse motivada por uma luta, por uma causa.

Salgadinhos e refrigerantes circulando pelas celas reforçavam o clima de festa na carceragem, que foi coroada com a chegada de uma MC. Já de início o nome da artista foi ovacionado por toda plateia e a MC mostrou que a sensualidade feminina também poderia ser encenada e cantada ali. Respeitosamente, a plateia dançava com a MC e delirava. A felicidade transbordava nos sorrisos e na vibração de todos. A MC, que já era nossa Princesa do Funk, na carceragem recebeu o título de Rainha e ganhou da plateia um pequeno origami de flores.

Como diz a letra de um funk, na prisão "uma hora é um dia, um dia é um mês e um mês é um ano". Porém, naquela tarde, a emoção fazia desaparecer o tempo. Já estávamos havia, aproximadamente, quatro horas dentro das celas. Ao fim da festa, um dos nossos amigos MCs abraçava o outro e cantava o refrão de um funk que ali fazia todo sentido, ampliando a realidade: "Liberdade, meu irmão, paz e amor!! Sem isso nada, nesta vida, tem valor."

Já era noite quando deixamos as celas. As grades se fecharam, fazendo parar o tempo para aqueles que ficaram do "lado de lá". Ao chegar em casa, as notícias sobre o "ritual democrático brasileiro em dia de eleição" tornavam-se banais, pois não encontravam mais correspondência com a realidade. Naquela noite, as imagens da carceragem e a força do funk eram de tirar o sono. Lembrava da fala de um outro amigo MC sobre o funk ser uma das maiores formas de comunicação da favela, pois, na carcegarem, o funk transformou todos numa única "galera", que, ao som de um mesmo "bonde", cantava o amor, as injustiças e, principalmente, o sonho da liberdade.

* * *

Nas Rodas de Funk, a música é utilizada como uma plataforma política por meio da qual a juventude da favela dialoga com seus pares, com a sua própria comunidade de um modo geral e com o restante da sociedade. Foi exatamente essa plataforma que levou os funkeiros ao lado de militantes e políticos de esquerda a realizarem as rodas na carceragem e em tantos outros locais. Nesses eventos, a música encena um retrato diferenciado da juventude pobre, negra e favelada, porque essa é a sua força comunicativa e sua forma de intervenção na esfera pública, ou melhor, sua maneira de tentar abri-la. Não foi por acaso que na roda da carceragem, local habitado por jovens pobres e negros em sua grande maioria, muitos presos provisórios participaram não só como plateia, mas também como um MC de funk. Nesses eventos, os estigmas são contestados, e cada sujeito toma a palavra para se constituir como um artista, narrando biografias sempre relacionadas à realidade das favelas e dos bairros pobres do Rio de Janeiro.

Foi essa profunda ligação entre o funk e esses espaços que uniu e inseriu tantos outros sujeitos políticos na construção da identidade do funk de raiz. Segundo Adriana Facina (2009), intelectual acadêmica, militante de esquerda e uma das principais agentes nesse processo de interação, o funk de raiz possibilitou uma sensibilização dos movimentos sociais e da esquerda como um todo para a defesa de uma manifestação cultural legítima do povo favelado, explicitando que a criminalização dessa cultura anda de braços dados com a criminalização da pobreza.

Esse trabalho coletivo consolidou e organizou a identidade do "funk de raiz" como uma associação de artistas da cultura popular e de trabalhadores (todos provenientes de favelas e bairros pobres do Rio de Janeiro) chamada APAFunk (Associação dos Profissionais e Amigos do Funk). As rodas de funk começaram, então, a ser organizadas em nome da associação e passaram a ser duas as suas principais reivindicações. A primeira relacionada à busca de meios alternativos de produção e de divulgação para fazer frente ao monopólio da indústria funkeira. E a segunda, que, no período do meu trabalho de campo, ganhou maior relevância, foi a luta para aprovar uma lei que assegurasse o reconhecimento do funk como cultura.

Para MC Mano Teko, vice-presidente da APAFunk, a associação serviu como "elo entre militantes de esquerda e os jovens das favelas, mas também como uma ligação entre diversos movimentos sociais que antes agiam de forma isolada".[22] Nesse sentido, como resposta à pressão popular organizada pela APAFunk, foi aprovada, na Assembleia Legislativa do Estado do Rio de Janeiro, a Lei 5.544/09, reconhecendo o funk como cultura, a qual destaco a seguir.

....
[22] Revista *Vírus Planetário*. Disponível em: <http://virusplanetario.wordpress.com/2009/11/05/sexta-edicao-online-disponivel-2/>>. Acesso em: 5 nov. 2009.

O GOVERNADOR DO ESTADO DO RIO DE JANEIRO
Faço saber que a Assembleia Legislativa do Estado do Rio de Janeiro decreta e eu sanciono a seguinte Lei:

Art. 1º Fica definido que o funk é um movimento cultural e musical de caráter popular.

Parágrafo Único. Não se enquadram na regra prevista neste artigo conteúdos que façam apologia ao crime.

Art. 2º Compete ao poder público assegurar a esse movimento a realização de suas manifestações próprias, como festas, bailes, reuniões, sem quaisquer regras discriminatórias e nem diferentes das que regem outras manifestações da mesma natureza.

Art.3º Os assuntos relativos ao funk deverão, prioritariamente, ser tratados pelos órgãos do Estado relacionados à cultura.

Art. 4º Fica proibido qualquer tipo de discriminação ou preconceito, seja de natureza social, racial, cultural ou administrativa contra o movimento funk ou seus integrantes.

Art.5º Os artistas do funk são agentes da cultura popular, e, como tais, devem ter seus direitos respeitados.

Art. 6º Esta Lei entra em vigor na data de sua publicação.

Rio de Janeiro, 22 de setembro de 2009.

SERGIO CABRAL
Governador

Primeiramente, cabe destacar que esse texto de lei foi a última versão de um trabalho textual coletivo, em que participaram alguns artistas de funk, acadêmicos, políticos e intelectuais. O texto foi amplamente debatido em algumas Rodas de Funk e nos canais de difusão multimídia. Para compreender a autoria desse texto, vale fazer referência ao que Benjamin (1994) chama de "intelectual como produtor textual". Segundo o filósofo, o "intelectual produtor" não é um autor especialista, "pois, do ponto de vista intelectual, o que conta não é o pensamento individual, o talento inventivo, mas a arte de pensar na cabeça dos outros" (id., ibid., p. 126). Nesse sentido, o intelectual produtor busca interferir "no processo de produção capitalista" "literalizando" as mais diferentes experiências – uma vez que tais experiências só ganham importância na sociedade, quando os seus sujeitos tomam a palavra. Desse modo, é necessário romper com a dualidade autor/leitor. Todo leitor torna-se um autor/produtor. Ainda de acordo com Benjamim, o autor/produtor não é informativo, mas operativo, pois a sua missão não é relatar, mas "combater" – ele não é um "espectador", mas um participante coletivo e ativo.

Entendo, portanto, que esse texto transformou vários sujeitos inseridos no mundo funk em autores/produtores textuais em um espaço institucional – a Alerj. De alguma maneira, foi experiência de criminalização dessa prática musical (e, logo, de muitos jovens) que foi amplamente "literalizada", transformada em fonte de debate, em textos de combate e, finalmente, em texto de lei. Porém esse processo não é alheio ao conflito e às relações de poder. Essa produção textual de vários autores é, como destaquei no Capítulo 2, um processo dialógico de tradução cultural que envolve sujeitos que ocupam posições historicamente desiguais. Portanto, há nessa diegese concessões de ambos os posicionamentos.

Desse modo, há, por um lado, na redação final do texto (transformada em palavra legítima e legal), o prevalecimento do formato legal – as narrativas e as temporalidades que nelas irrompem são traduzidas em artigos. Além disso, nem todo funk é assegurado como cultura, como mostra o parágrafo único da lei: "Não se enquadram na regra prevista neste artigo conteúdos que façam apologia ao crime."[23] No entanto é preciso reconhecer que, por outro lado, esse mesmo texto promove uma intervenção dos funkeiros na esfera pública, uma vez que a lei é uma tentativa legítima de abertura do Estado para a cultura de massa, ainda tão discriminada em meios políticos de direita e de esquerda. Aqui eles são produtores textuais, na medida em que são autores de atos de fala que buscam intervir no processo de produção funkeira e de seus sujeitos. Com a lei, boa parte desses jovens reivindicam do Estado não a ação policial, mas a interferência de uma política cultural.

Como mostra Butler (1997), a temporalidade de um ato de fala é sempre contingente: o ato de fala condensa uma historicidade que aponta para o passado e para o futuro, ou seja, um ato de fala sempre carrega as marcas de um passado, mas as faz funcionar de uma maneira que não pode ser prevista por antecipação. Nesse sentido, acredito que mais do que uma garantia de direitos, essa lei é um ato de fala legítimo que quebra e nega as marcas estigmatizantes associadas ao funk, instaurando uma nova representação para essa prática musical e, consequentemente, abrindo para o funk um novo e indeterminado futuro.

3.6 A FAVELA COMO ESPAÇO DO FUNK

Nesta seção, interpreto a forma pela qual esses artistas passaram a compreender e a delimitar as suas produções na cena do mundo

---

[23] Como mostrarei mas adiante, esse processo de qualificação de algumas produções funkeiras como apologia ao crime também se insere no contexto mais amplo de criminalização dessa prática musical como um todo.

funk. Isto é, analiso os significados da produção dos artistas considerados de "raiz" diante de outras produções funkeiras, como também diante do público em geral.

De acordo com esses MCs, os raps produzidos por eles, na década de 1990, são a "verdadeira raiz do funk". Tais músicas surgiram nos concursos chamados "Festivais de Galera", realizados por várias equipes de som que existiam na cidade. Os festivais eram compostos por várias etapas, e uma delas era a etapa do rap. Para esse grupo de pessoas, esses raps, além de falar na linguagem da favela, também reproduzem a realidade sobre a favela. Em uma das entrevistas realizadas com um desses artistas, ele define a si próprio e a raiz do funk da seguinte maneira:

> Nós somos a raiz do funk, mas não somos MCs da antiga como muita gente fala. Antiga pra mim é museu (...) Nós somos a raiz do funk porque falamos a verdade sobre o pessoal favelado do Brasil, falamos da nossa comunidade (mas não só da nossa), mas o que todas as comunidades (independentemente de credo, cor e religião) pedem. Porque é a mesma coisa, a mesma realidade que fere aqui sangra lá. E a gente fala de tudo. Não somos hipócritas, a gente fala bem da favela porque é a nossa casa, mas a gente fala que não tem apoio de ninguém. Só quem pode contar isso é a gente.[24]

Assim, o argumento que determina a identidade de "raiz" do funk é menos temporal e mais espacialmente orientado. Não é tanto a antiguidade que define essa raiz, mas o local a partir do qual se fala e sobre o quê se fala. Não se trata apenas de falar na linguagem da favela, mas de pertencer e, consequentemente, de possuir legitimidade para falar sobre ela.

---
[24] Depoimento coletado em pesquisa de campo na Favela de Acari, em 2008.

É interessante notar que mesmo sendo uma manifestação da diáspora africana, não é uma "originalidade" explicitamente racial que define a raiz ou a autenticidade do funk carioca. No entanto, isso não quer dizer que os significados raciais não estejam ali presentes. "Raça" não é um conceito fixo que exista independentemente do discurso que o produz. Segundo Hall (1997), raça é um significado mutável e intrinsecamente relacionado com as formas de exclusão de determinados sujeitos do mundo moderno. Nesse sentido, mais do que buscar pela "raça", é necessário estar atento à forma pela qual sujeitos e práticas são racializados – um processo que tem como característica principal a construção discursiva da desigualdade (Blackledge, 2006). Como mostrei no Capítulo 1, na cidade do Rio de Janeiro, a racialização é um processo simbólico de discriminação realizado pelo discurso hegemônico, que atribui às favelas e aos sujeitos favelados certas características, situando-os como alienígenas, perigosos, bárbaros etc. Nesse discurso, a referência à raça ou a qualquer critério racial não é explicitamente mencionada.

Entretanto, o sujeito que enuncia o discurso hegemônico não tem um controle soberano sobre a disseminação de seus sentidos (Butler, 1997). Assim, o mesmo discurso que oprime e constitui certos sujeitos como subalternizados, fornece, paradoxalmente, a possibilidade de existência e signos de resistência para esses sujeitos. A identidade não é um referente pré-discursivo livre da historicidade desses discursos, mas é por ela determinada. Já que o racismo, nesse discurso, não se confessa, é o estigma sobre o local de origem de que a linguagem do funk se apropria para ressignificá-lo. Assim, é possível compreender como o funk carioca reivindica a sua raiz sem fazer menções explícitas aos significados raciais. No funk carioca, há a reivindicação de uma origem espacial constitutiva de uma identidade que pode ser vista como metonímia[25] da identidade negra na cidade do Rio de Janeiro, a identidade "favelada".

Aqui vale lembrar que movimento semelhante ocorre com o hip-hop estadunidense. Segundo Forman (2002, p. 207), o hip-hop reivindica o *hood* como a sua autêntica raiz. Tal termo é etimologicamente derivado da palavra *neighborhood* (vizinhança), mas desenvolveu seus próprios significados. O *hood* representa o "solo" do gueto onde brota a autêntica cultura urbana negra. Diferentemente do funk, esse hip-hop possui significados raciais explícitos. Se a raiz do hip-hop – o gueto, o *hood* – se formou em uma sociedade marcada pela segregação racial, a raiz do funk – a favela – é um território constituído no interior de uma sociedade fundada no mito da democracia racial.

Assim, a favela – estigmatizada e implicitamente racializada no discurso hegemônico – ganha nome próprio e contornos específicos na identidade do funk de raiz. Nesse sentido, vale lembrar o artigo "A palavra é: favela", de Oliveira e Macier (2006, p. 90), em que a "favela é tratada como espaço do samba". Segundo as autoras, nenhum outro ritmo produzido na favela foi "capaz de produzir uma identidade espaço-música". Porém, para esses funkeiros, a favela é enunciada, atualmente, menos como o espaço do samba e mais como o local do funk. Aqui, vale destacar um dos depoimentos de MC Leonardo em que ele contrasta os compositores de samba com os de funk.

> Outro dia o repórter perguntou pra gente assim: "Por que a poesia da favela acabou?" Eu falei: "Pô, você vive em que

---

[25] Refiro-me à figura retórica que possibilita deslocar uma parte para significar o todo. Assim, o que é enunciado como o objeto do preconceito são imagens identitárias que se associam, silenciosamente, ao corpo negro (seja a imagem do pobre, do favelado, do marginal, do funkeiro etc.). Tal operação retórica perpetua o racismo sem que ele seja explicitamente identificável.

planeta, meu irmão? (...) Quer que eu pegue o violão e vá falar 'Alvorada lá no morro que beleza'? Não! Você está falando da poesia de Cartola, de Noel? (...) Só essa galera que é poesia pra você? Porque eu coloco MC Dolores, Cidinho e Doca como os atuais poetas da favelas. São sim e me incluo nessa também."[26]

MC Leonardo destaca que, atualmente, os principais artistas da favela não são sambistas, mas funkeiros: Dolores, Cidinho e Doca. Ele cita um verso da música do sambista Cartola, "alvorada lá no morro que beleza", de forma irônica para contestá-lo, pois já não são mais esses versos que retratam e representam a forma pela qual os jovens veem e experienciam a favela.

Esses funkeiros começam a cantar a "favela" num momento em que esta é significada no discurso hegemônico como um todo homogêneo dominado pelo tráfico; um discurso que generaliza e atenua completamente qualquer oposição que possa haver entre aqueles que seriam bandidos e aqueles que seriam moradores. Segundo Peralva (2000), desde 1980, a favela é vista e reconstruída pela classe média como o oposto da cidade, como o espaço inimigo, onde qualquer forma de violência do Estado é legítima.

3.7 Vidigal, Rocinha, Cidade de Deus, Borel... A favela tem nome próprio!

As representações dos grupos hegemônicos não acionam imagens de favelas no plural, mas sim a imagem de uma única entidade totalizante. Como se esses territórios estivessem situados em uma outra cidade, utilizam um olhar que não enxerga as práticas cotidianas

---
[26] Depoimento retirado do filme *Favela on Blast*, gravado na Rocinha no ano de 2008. Disponível em: <<http://www.youtube.com/watch?v=SoKgV9u75lc>>. Acesso em: jan. 2009.

e concretas que por lá circulam. Como se os sujeitos que lá habitam não fossem tão sujeitos, criam um discurso que silencia as vozes locais e delimitam os "territórios favelas" como um espaço genérico do perigo e da barbárie ligada, única e exclusivamente, ao chamado tráfico de drogas. Porém, no funk, cada favela tem nome próprio[27] e é significada como um local heterogêneo e de habitação. Em outras palavras, a linguagem do funk "dá sentido"[28] à favela: "fazendo ver" outros mapas e "desenhando" diferentes percursos na Cidade do Rio de Janeiro. O funk veste com nome próprio cada favela e os espaços no interior dela.

Como mostram alguns autores da geografia cultural, o espaço não é uma entidade física, inocente e apolítica. De acordo com Lefebvre (1991, p. 26), o espaço é uma prática discursiva determinante na constituição das identidades sociais. Partindo desse pressuposto, alguns autores fazem uma distinção entre "espaço" e "lugar" produzida socialmente, útil para compreender a forma pela qual determinados sujeitos não só interagem, mas também se situam e significam o mundo. De acordo com Forman (2002), ambos possuem uma relação dialógica, mas, enquanto o "lugar" é definido pela interação humana local imediata, o "espaço" mostra as trajetórias mais amplas e genéricas. De forma semelhante, De Certeau (2008) argumenta que o local é uma prática que se constrói no ato de caminhar pela cidade e o espaço no ato onividente de observar, medir e delimitar.[29] Segundo De Certeau (2008), essas práticas locais e espaciais são como atos de fala que constroem mapas das cidades.

....
[27] Butler (1997, p. 29), em sua teoria dos atos de fala, destaca que embora o "nome próprio" seja uma convenção (e como toda convenção não deixa de ser um ato genérico), tem o poder de conferir singularidade às coisas.

[28] Aqui utilizo tal termo em sua dupla acepção: tanto como o significado de algo, quanto também como uma direção.

[29] O local está para o caminhante, assim como o espaço está para o cartógrafo.

Se o discurso hegemônico aciona atos de fala para constituir e delimitar a favela como um "espaço" dominado pelo chamado tráfico de drogas, os MCs, com os seus atos de fala líricos, fornecem um outro tipo de existência para esses territórios. Estes passam a ser o "local" do funk, onde os bailes e as práticas que o constituem são detalhadamente enunciados. Um exemplo notório dessa identidade é o rap *Endereço dos bailes* dos MCs Junior e Leonardo, em que os artistas "fazem ver" um outro mapa do Rio de Janeiro, como mostro a seguir.

No Rio tem mulata e futebol, Cerveja, chopp gelado, muita praia e muito sol, é.../ Tem muito samba, Fla-Flu no Maracanã,/Mas também tem muito funk rolando até de manhã/ Vamos juntar o mulão e botar o pé no baile DJ// Ê ê ê ah! Peço paz para agitar,/ Eu agora vou falar o que você quer escutar/ Ê ê ê ê! Se liga que eu quero ver/ O endereço dos bailes eu vou falar pra você// É que de sexta a domingo na Rocinha o morro enche de gatinha/ Que vem pro baile curtir/ Ouvindo charme, rap, melody ou montagem,/ É funk em cima, é funk embaixo,/ Que eu não sei pra onde ir// O Vidigal também não fica de fora/ Fim de semana rola um baile shock legal/ A sexta-feira lá no Galo é consagrada/ A galera animada faz do baile um festival// Tem outro baile que a galera toda treme/ É lá no baile do Leme lá no Morro do Chapéu/ Tem na Tijuca um baile que é sem bagunça/ A galera fica maluca lá no Morro do Borel// Ê ê ê ah! Peço paz para agitar,/ Eu agora vou falar o que você quer escutar/ Ê ê ê ê! Se liga que eu quero ver/ O endereço dos bailes eu vou falar pra você// Vem Clube Íris, vem Trindade, Pavunense/ Vasquinho de Morro Agudo e o baile Holly Dance/ Pan de Pillar eu sei que a galera gosta/ Signos, Nova Iguaçu, Apollo, Coelho da Rocha, é...// Vem Mesquitão, Pavuna, Vila Rosário/ Vem o Cassino Bangu e União de Vigário/ Balanço de Lucas, Creib de Padre Miguel/ Santa Cruz, Social Clube, vamos zoar pra dedéu// Volta Redonda, Macaé, Nova Campina/ Que também tem muita mina que abala os corações/ Mas me desculpa onde tem muita gatinha/ É na favela da Rocinha

> lá na Clube do Emoções// Vem Coleginho e a quadra da Mangueira/ Chama essa gente maneira/ Para o baile do Mauá/ O Country Clube fica lá praça Seca/ Por favor, nunca se esqueça,/ Fica em Jacarepaguá// Ê ê ê ah! Peço paz para agitar,/ Eu agora vou falar o que você quer escutar. (*Endereços dos bailes*, MCs Junior e Leonardo)

Em *Endereços dos bailes*, os artistas fazem mais do que uma descrição dos bailes. Enfatizando os aspectos positivos dessa diversão, eles realizam um convite aos olhos. O Rio de Janeiro deixa de ser visto apenas como o espaço genérico do samba, do futebol e da praia – os tão consagrados símbolos nacionais –, para ser também o local onde acontecem inúmeros e específicos bailes funk. Num momento em que os MCs buscavam dar visibilidade e legitimidade ao funk, eles acabaram por fazer o mesmo com o local em que este era produzido e consumido. Tais locais passam a ser enunciados como parte integrante da cidade.

Vários funks produzidos na década de 1990 têm nome de favelas específicas, por exemplo, o *Rap da Rocinha*, *Rap do Vidigal*, *Rap da Cidade de Deus*. Da mesma maneira, muitos MCs do "funk de raiz" também eram conhecidos como representantes de certa galera ou de uma favela específica, como por exemplo, William e Duda do Borel, Galo da Rocinha, Mascote do Vidigal etc. O nome dos raps e dos artistas de funk indica um referencial comunitário. Os artistas de funk existem publicamente como um sujeito coletivo "da Rocinha", "do Vidigal" etc.; e, ainda, enunciam em nome de suas próprias favelas ou comunidades.[30] Nesses poemas,

---
[30] Atualmente, os funkeiros já não utilizam, como na década de 1990, nomes de favelas específicas nos funks, pois enunciar a pertença a uma delas pode ser entendido como enunciar a pertença a certa facção criminosa. Tal fenômeno deve-se ao um aumento da violência no mercado varejista de drogas diretamente relacionado ao acirramento, nos últimos 15 anos, de uma política de Estado que criminaliza a pobreza e as favelas cariocas.

os aspectos positivos das favelas são reiterados, à medida que os MCs nomeiam as ruas, esquinas e os lugares de entretenimento de cada um desses locais, como mostro no rap a seguir.

> E aí MC Galo, como é que tá a Rocinha?/ Um paraíso, onde tem muitas mulheres.// E o Vidigal?/ Vidigal é um Morro de Lazer, em frente ao mar/ Quem sobe não quer mais descer// Vai, vai, vai, vem, vem, vem/ Quem dança no Vidiga, dança na Roça também/ O Vidigal é um morro de valor/ É uma favela que o Papa batizou/ Comunidade humilde, é um morro muito shock/ É lá que mora o MC Mascote// A Rocinha é uma comunidade linda/ É a maior favela da América Latina/ Se liga sangue bom, preste atenção/ No que eu te falo/ É lá que mora o tal do MC Galo//Se liga amigos, não me leva a mal/ Agora eu vou falar das áreas do Vidigal/ Subindo a escola vai parar no Barracão/ Subindo sempre tem, você para no Cantão/ Passa rua três, Rua Nova, Orelhão/ Logo mais em cima, tem a associação/ Tem que continuar subindo no sapatinho/ Se de repente lombra, você corta o caminho// Olha meus amigos, eu não vou perder a linha/ Agora eu vou falar é das áreas da Rocinha/ Vem a Rua 1, a Rua 2 e a Rua 3/ E também a Rua 4 não se esqueça de vocês/ Cachopa, Pocinho, Vila Verde, Terreirão,/ Cidade Nova, Curva do S e Fundação/ Vem a Via Ápia, Paulo Brito e Boiadeiro/ Roupa Suja e o Valão, sempre tem que vir primeiro// Vidigal tem conceito, a Rocinha pede a paz,/ Vidigal tem conceito, a Rocinha pede a paz. (*Rap do Vidigal e da Rocinha*, MCs Mascote e Galo)

Neste rap, dois MCs estabelecem um diálogo em que cada um narra as práticas espaciais de seus locais de habitação: as favelas do Vidigal e da Rocinha. Cada MC, na posição de locutor, situa-se como caminhante que, mais do que "fazer ver" um determinado local, propõe um itinerário. Por exemplo, os MCs evidenciam as favelas com nome e características positivas próprias, "Rocinha, um paraíso", "Vidigal, um morro de Lazer", mas também o percurso que realizam em seus locais de habitação, "Subindo a escola vai parar no Barracão", "Logo mais em cima, tem a associação".

Buscando entender esse ponto de vista local, tão cantado nos "raps de raiz", conheci diversas favelas do Rio de Janeiro e caminhei por elas, quase sempre na companhia desses MCs. Por meio da interpretação etnográfica, procurei compreender cada local, dialogando com a perspectiva daqueles que lá sempre me receberam. Desde o início de minha caminhada percebi que, apesar de as condições materiais das favelas causarem indignação em seus moradores, elas também são um locais capazes de gerar um enorme sentimento de orgulho e pertença nos sujeitos que nelas habitam. Tal sentimento é enunciado nas letras de funk. Por meio delas, os MCs travam verdadeiras batalhas linguísticas contra o discurso hegemônico em que a favela é construída como o espaço de atos de atrocidade com condições desoladoras. No rap *Cidade de Deus*",[31] os MCs Cidinho e Doca encenam atos de fala que se constituem uma reposta contestatória ao discurso hegemônico, conforme mostro no fragmento a seguir.

> C -I- D- A- D- E- D- E- D- E- U- S/ e vê se não esquece de Deus/ êêêêê Cidade de Deus/ C -I- D- A- D- E- D- E- D- E- U- S/ e vê se não esquece de Deus/ êêêêê Cidade de Deus/ Cidade de Deus// Dizem que nós somos violentos,/ mas desse jeito eu não aguento./ Dizem que lá falta educação,/ mas nós não somos burros não./ Dizem que não temos competência,/ mas isso sim que é violência./ Que só sabemos fazer refrão/ se liga sangue bom,/ mas não é assim./ Nós temos escola/ nós temos respeito/ se quer falar de nós / vê se fala direito./ Estou

---

[31] Esse rap foi gravado em 2003, um ano depois do lançamento do filme *Cidade de Deus*, dirigido por Fernando Meirelles. Esse filme popularizou e projetou a Cidade de Deus, internacionalmente, como o espaço da barbárie e de uma violência brutal.

documentado, doutor/ cidadão brasileiro e tenho o meu valor./ Meu pai é pedreiro, mamãe costureira/ e eu cantando rap pra massa funkeira/ O ritmo é quente é alucinante/ êta povo do funk êta povo gigante./ Eu quero ouvir geral no refrão// Cidade de Deus êêêêê Cidade de Deus/ C -I- D- A- D- E- D- E- D- E- U- S/ e vê se não esquece de Deus/ êêêêê Cidade de Deus/ C -I- D- A- D- E- D- E- D- E- U- S/ e vê se não esquece de Deus/ êêêêê Cidade de Deus/ Cidade de Deus// Mas se tu não sabe eu te conto,/ mas eu não sei se tu está pronto./ Nem tudo o que falam é verdade./ Queremos paz, justiça e liberdade./ Quando tiver um tempo sobrando,/ se liga no que estou falando/ vai lá conhecer minha cidade./ Eu vou te dizer aí que começa,/ tu vai se amarrar vai se divertir/ Depois que tu entrar não vai querer sair./ Vai ver alegria vai ver sofrimento/ Não escondemos nada o que temos lá dentro./ Porque a comunidade tem fé/ a vida que levamos é tipo maré/ Às vezes tá alta, às vezes tá baixa,/ quem sabe navegando essa maré se acha./ Esqueça a caneta escreva de lápis/ quando a maré mudar você passa a borracha./ Porque a vida do povo é assim/ Às vezes tá tranquila e às vezes tá ruim./(....). (*Cidade de Deus*, MCs Cidinho e Doca)

O rap tem início com o refrão em que os MCs soletram o nome da Favela Cidade de Deus (*C -I- D- A- D- E- D- E- D- E- U- S*) e depois o repetem inúmeras vezes, ao longo da música. A palavra "Deus" é enfatizada (*vê se não se esquece de Deus*). Nesse momento, os MCs fornecem pistas sobre quem é o seu interlocutor: o sujeito que poderia não só esquecer o atributo "de Deus", mas também associar essa Cidade a um atributo oposto (nem tão Divino)! A música é uma resposta/defesa daqueles que vivem nas favelas para aqueles que estão fora delas. De um lado, temos os MCs que narram em 1ª pessoa para marcar uma enunciação em nome de um sujeito coletivo: o "nós da Cidade de Deus". Mesmo quando eles enunciam na 1ª pessoa do singular, trata-se de um reforço dessa coletividade, uma vez que acionam representações paradigmáticas da forma pela qual os músicos significam o sujeito da favela: não como o "bandido", mas como um cidadão brasileiro, músico, filho de pais trabalhadores ("Estou documentado, doutor/ cidadão brasileiro e tenho o meu valor/ Meu pai é pedreiro, mamãe costureira"). De outro lado, temos o interlocutor, aquele sujeito que não é da favela, significado ora como "doutor", ora como "sangue bom". Esse último termo é uma gíria do chamado "favelês"[32] que designa uma forma de tratamento amigável com o outro. O "sangue bom" é explicitamente convidado a conhecer a Cidade de Deus ("se liga no que estou falando/ vai lá conhecer a minha cidade").

Logo após o refrão, os MCs citam certas imagens tipicamente acionadas no discurso hegemônico (ou no "discurso do doutor") sobre as favelas: o espaço da violência e da falta ["Dizem que nós somos violentos (...)/ Dizem que lá falta educação (...)/ Dizem que não temos competência"]. Enunciando como um coletivo, os MCs citam tal discurso para contestar atos de fala que, violentamente, interpelam e constituem a favela e seus sujeitos, unicamente, por estereótipos violentos ("mas desse jeito eu não aguento", "mas nós não somos burros não", "mas isso sim que é violência").

Nesse rap, não só os aspectos positivos das favelas são significados. Ainda que a "raiz" do funk tenha o "local favela" como uma categoria central na organização de suas narrativas, não se trata de um "espaço idealizado" retratado por apenas uma perspectiva. Muito pelo contrário, os "rap-funk de raiz" não só mostram os aspectos positivos do "local" favela, mas também funcionam como

....
[32] Segundo Facina (2009), esse termo foi publicizado pelo rapper MV Bill e explicita um aspecto típico da cultura carioca: a existência de uma língua produzida a partir das interações sociais que ocorrem nas favelas e que impõem gírias e modas linguísticas ao conjunto dos habitantes das cidades.

denúncia social. Ao fazer o convite ao "doutor", os MCs realizam uma caminhada, em que mostram as dificuldades de se viver numa favela ("Vai ver alegria vai ver sofrimento/Não escondemos nada o que temos lá dentro"). É sob o ponto de vista do sujeito que vive as práticas locais, tecendo contornos e trajetórias das favelas, que os aspectos positivos e negativos desse território são narrados, transformando a habitação e o hábito em algo por que vale a pena lutar.

Parafraseando o rap, trata-se de uma trajetória vulnerável, que "só pode ser escrita a lápis" ("Esqueça a caneta escreva de lápis/ quando a maré mudar você passa a borracha"). No entanto, tal trajetória é o destino de milhões de sujeitos que, nesse rap, são (re)escritos: o favelado, que no discurso hegemônico é interpelado como uma perigosa estereotipia, aqui é significado como um "sujeito de direito", ou melhor, como "povo" brasileiro ("Porque a vida do povo é assim/ Às vezes tá tranquila e às vezes tá ruim").

Com esses exemplos, procurei mostrar que boa parte das letras de funk – tanto aquelas produzidas na década de 1990, quanto aquelas compostas pelo funk de raiz nos dias atuais – performativizam o cotidiano, as personagens e fatos específicos da favela.[33] A identidade do funk de raiz é sobretudo uma identidade espacial. As letras de funks são compostas por atos de fala que encenam os bailes (a diversão da juventude), mas também atos de fala que retratam os mais diversos aspectos do cotidiano dos moradores: as dificuldades do trabalhador, a violência policial e o chamado tráfico de drogas. É nesse sentido (e nesse contexto físico e simbólico) que devemos compreender, por exemplo, os funks, produzidos na década de 1990 por muitos funkeiros de raiz que passaram a ser

---

[33] Há ainda uma quantidade significativa de funks que têm como temática o romance, as relações amorosas e sexuais. Tais funks serão tratados no próximo Capítulo deste livro.

denominados "proibidões". Essas são músicas que não podem ser divulgadas em CD, tampouco em espaços públicos, pois são consideradas apologia ao crime e ao criminoso, mais especificamente, apologia ao tráfico de drogas e ao traficante.[34] Por causa disso, nesse período, iniciou-se uma prática que é muito usual entre todos os funkeiros até os dias atuais: a produção de duas versões para a mesma música. Assim, é composto e produzido um funk para ser tocado nos bailes de comunidade (considerado "proibidão") e outro na qual determinados atos de fala são retirados ou substituídos por outros para ser tocado em outros espaços públicos, como os programas de rádio, por exemplo.

Porém vale destacar como a delimitação dessas performances como crimes teve o efeito contrário: mais do que inibi-las, forneceu-lhes uma identidade e as tornou conhecidas dentro e fora das favelas. Nesse sentido, podemos observar que, por um lado, aquilo que chamamos de "proibidão" transformou-se em objeto do cotidiano: muitas pessoas que moram no Rio de Janeiro sabem do que se trata. Assim a mídia corporativa, ao fazer denúncias sobre um tipo de música ilegal, ajudou a popularizá-la, intensificando a visão criminalizante sobre essas performances, sobre o funk de um modo geral e, por conseguinte, sobre as favelas. Dito de outro modo, a divulgação dessa música como proibida acabou por reforçar a favela como o local do perigo e o funkeiro (logo, o jovem negro favelado) como a encarnação do próprio mal. No entanto, por outro lado, alguns cantores de funk, muitas vezes, tiraram proveito desse tipo de música, que passou a ser não só uma forma de existência pública,[35] mas sobretudo uma forma de poder. Mais

---

[34] Os artigos 286, 287 e 288 do Código Penal tratam das ações que são consideradas uma apologia ao crime.

[35] Atribuem-se outras denominações, menos usuais, que são: funk de facção, funk neurótico ou funk de contexto. Essa última denominação é interessante, pois o que

uma vez é preciso lembrar que a linguagem que subalterniza e estigmatiza determinados sujeitos fornece-lhes, paradoxalmente, forma de existência pública e até mesmo estratégias de resistência. Segundo Butler (1997, p. 38), os termos pelos quais somos saudados são raramente aqueles que escolhemos, mas esses termos – que nós nunca escolhemos – são a ocasião para algo que poderíamos chamar de agência: a repetição de uma subordinação originária para outro fim, cujo futuro é parcialmente aberto. Nesse sentido, o proibidão – um símbolo de estigma – passa a ser repetido, utilizado e ostentado por muitos MCs não só como uma maneira de se fazerem visíveis, mas também como um símbolo de força e perigo.

Atualmente, os proibidões estão disseminados pela cidade do Rio de Janeiro, sendo, inclusive, consumidos avidamente pela juventude de classe média. Se, na década de 1990, os mais conhecidos eram os proibidões que tinham como temática o "crime" local, nos anos 2000, torna-se popular um outro tipo de proibidão: aquele que tem como assunto o sexo. Músicas que também fornecem visibilidade e estratégias de resistência para outros sujeitos subalternizados: as mulheres e aqueles que transgridem a matriz heterossexual dos gêneros no mundo funk (estes serão tratados no próximo Capítulo).

Não pretendo analisar, neste Capítulo, os "probidões" criados nos dias atuais, mas aqueles que foram produzidos pelos funkeiros de raiz na década de 1990. Trata-se das primeiras músicas classificadas como funk proibido. Segundo esses artistas, dois processos foram fundamentais para que essas músicas ganhassem força na década de 1990. Primeiro, o tipo de política do Estado direcionada

---

se nomeia é exatamente a localidade. Trata-se de um funk de contexto, pois seria uma exaltação a um determinado contexto, ou seja, a um certo local.

a essa prática musical. Como destaquei, mesmo com toda a popularidade do funk, este nunca foi contemplado com nenhum tipo de política cultural efetiva. Muito pelo contrário, foi constantemente criminalizado por se tratar de algo "da favela". Segundo, o fortalecimento do monopólio da indústria funkeira nas mãos de alguns poucos empresários.

Em entrevistas feitas com MCs em meu trabalho de campo, muitos argumentam que, na falta de oportunidades, a alternativa foi receber dinheiro para produzir músicas do tráfico de drogas. Assim, muitos proibidões foram feitos sob encomenda. No entanto, para além disso, a composição e a produção dessas músicas, muitas vezes, foram motivadas por vínculos de afeto e amizade entre os MCs e certos sujeitos que fora da favela só são vistos como uma perigosa estereotipia: o chamado "traficante".

Antes de analisar a força e o significado desses atos de fala, vale lembrar que várias manifestações da diáspora africana, em distintos locais e momentos históricos, sofreram o mesmo tipo de proibição, o que fez com que a cultura negra existisse também através desses processos de criminalização. O *gangsta rap* norte-americano, o funk-soul de Jorge Ben Jor, o samba de Bezerra da Silva foram alvo de processos por apologia ao crime e ao criminoso. É interessante notar como, nessas produções, é a "localidade" que lhes fornece sentido. Em outras palavras, são práticas musicais que performativizam certa localidade marginal, sob o ponto de vista daqueles que também são localizados como sujeitos marginais. Assim, o que parece ser considerado crime é performativizar e, consequentemente, tornar pública[36] a forma pela qual essa localidade e suas práticas são experienciadas e enunciadas por esses sujeitos.

....
[36] Vale lembrar que "a apologia somente assim será considerada se ocorrer publicamente, sendo essa condição essencial para a caracterização do delito" (Delmanto, 2002).

Destaco a seguir as duas versões do *Rap do Borel*, um dos primeiros "proibidões" de funk produzido no fim da década de 1990. Nesse período, o artista foi processado pelo crime de apologia ao crime e ao criminoso.

Rap do Borel (versão proibida)	*Rap do Borel* (versão permitida)
Liberdade para todos nós DJ, Borel! Ô demoro pra abalar, Borel! Ô demoro pra abalar, Borel! Ô demoro pra abalar, Borel!	Liberdade para todos nós DJ, Borel! Ô demoro pra abalar, Borel! Ô demoro pra abalar, Borel! Ô demoro pra abalar, Borel!
Lalalaou lalaue chega de ser violento e deixa a paz renascer êê Lalalaooooo Lalalaueeee paz, justiça e liberdade, somos Borel, somos **CV**	Lalalaou lalaue chega de ser violento e deixa a paz renascer êê Lalalaooooo lalalaueeee para os funkeiros sangue bom somos Borel até morrer
se liga minha gente em o que nós vamos falar é de um morro tão querido e as letras vão abalar isso aí é dica do Comando Vermelho **Paz, Justiça e Liberdade** nesse morro abalou **Júlio, Pé de Pato, Tacudo e (?)** **(?) e Toninho** **Todos nós somos irmãos** **Décio e o Bodinho** **E o pai do Negão** **Pingo e Turbina** **E a Palca é sangue bom** **Tem Olho de Vidro, o Gato e o Rato** **Naiaca e Tchetcheco, Cabelinho, Vovô e Jairo** **Tem bochara, amigo do Comando Vermelho**	se liga minha gente em o que nós vamos falar é de um morro tão querido e as letras vão abalar lá no Borel amigo é união paz e amor, Depois na comunidade vai dizer pra gente abalou é o morro mais humilde do Bairro Tijucão por que meus amigos nos somos todos irmão. Lá é como uma família é gente de montão no morro e na favela só tem gente sangue bom porque meus amigos, lá na comunidade nos fazemos a festa em troca de amizade e uma das festa é para os morro sangue bom

Para os demais amigos esse morro abalou lalalaou lalaue chega de ser violento e deixa a paz nascer êê Lalalaooooo lalalaueeee **paz, justiça e liberdade**, somos Borel, somos **CV** Agora minha gente, William e Duda vai falar O nome dos amigos que estão naquele lugar Em um lugar tão triste, tão frio e tão cruel Nós estamos falando é dos amigos do Borel Isaías, Tico....	pra poder fazer amizade com os outros irmão lalalaou lalaue chega de ser violento e deixa a paz nascer êê Lalalaooooo lalalaueeee para os funkeiros sangue bom somos Borel até morrer

Essa música foi composta e produzida num período em que boa parte das produções funkeiras tinha como tema o pedido de paz nos bailes funk. No caso desse funk, o pedido de paz feito pelos MCs do Borel é acompanhado pelo elogio à sua própria favela de origem e aos seus habitantes. Ambas as versões fazem essa exaltação, mas o que torna uma delas proibida é o fato de enunciar o lema e o "nome próprio" de uma facção criminosa do Rio de Janeiro (Paz, Justiça e Liberdade do Comando Vermelho), bem como o "nome próprio" de determinados sujeitos ("Júlio, Pé de Pato, Tacudo, etc."), considerados traficantes. Nesse funk-rap, a "classe de sujeitos perigosos" é desconstruída, à medida que esses são representados por seus apelidos específicos e qualificados como "amigos sangue bom" ou "amigos do Borel". Nesse sentido, ao conferir essa singularidade aos sujeitos, os proibidões constroem certo elogio poético ao banditismo e a outros temas correlatos, assemelhando-se àquilo que Hobsbawn (1975, p. 11) afirmou sobre os bandidos rurais – que seriam considerados por sua gente "como heróis, vingadores, paladinos de sua gente". Assim, o que se proíbe, no *Rap do Borel*, é enunciar o "nome próprio" que localiza, singulariza e torna positivo certos sujeitos e práticas.

Primeiramente, cabe destacar que proibir que determinadas palavras sejam enunciadas é partir do pressuposto de que essas não só seriam uma "conduta", uma forma de ação – um ato violento –, mas também a "causa" para outros atos violentos. Judith Butler (1997), ao analisar os atos de fala considerados como crimes de injúria ou de apologia, mostra a complexidade e as relações de poder envolvidas na forma de legislar sobre a violência que, teoricamente, estaria contida em certas palavras. Uma vez que é impossível separar o ato de fala de seu contexto, a decisão de proibir a fala é atribuir-lhe um sentido único, apagando sua relação intrínseca com determinado contexto. Com isso não estou querendo dizer que as palavras não possuam um sentido em si, isto é, que palavras não possuam um sentido relativamente estabilizado pelo uso, o que lhes permite, inclusive, ser dicionarizadas. As palavras têm historicidade, ou seja, elas carregam as marcas do contextos nos quais já foram enunciadas. Apesar disso, um ato de fala é marcado por uma temporalidade aberta, e seus efeitos são sempre indeterminados.

Assim, não é possível localizar a violência na própria palavra, tampouco no contexto em que a palavra é performativizada. Atribuir a determinadas palavras uma tal força de forma que elas seriam não apenas o próprio ato violento, mas também a causa ou uma espécie de indução ao ouvinte a agir de determinada maneira, é, antes de tudo, uma decisão política. O *Rap do Borel* enuncia a existência de determinada faccção criminosa na favela, e seu lema: uma realidade das favelas que mais do que uma "causa" é um "efeito" do tipo de política de guerra implementada nesses locais. A proibição da própria palavra – como se essa fosse a própria violência – não só serve para estigmatizar, mas também é uma estratégia de dissimulação ou de silenciamento público sobre outras causas geradoras de violência, como a pobreza e o racismo.

Aqui vale lembrar as primeiras palavras de Foucault em seu texto *A ordem do discurso* (1996). Segundo o filósofo, "em toda a sociedade a produção do discurso é simultaneamente controlada, selecionada, organizada e redistribuída por um certo número de procedimentos que têm por papel exorciza-lhes os perigos" (id., ibid., p. 8). Portanto, não se tem o direito de dizer tudo, em qualquer situação e por qualquer pessoa. Isso porque a linguagem (Foucault diria, "o discurso") mais do que refletir as lutas e os sistemas de dominação é sobretudo performativa, ou seja, é o local onde as batalhas são travadas e aquilo pelo que se luta. Assim, como uma forma de regular e controlar esse campo de batalha de linguística, transforma-se esse "ato de fala" altamente localizado em uma prática ilícita, pois tal ato seria a "causa" dos males sociais.

O funk proibidão, nesse sentido, é uma categoria que torna legal e, por conseguinte, reforça a criminalização de toda a performance funkeira. No entanto, foi essa constante criminalização que transformou o funk em uma plataforma política para o grupo dos funkeiros de raiz, uma vez que a estigmatização do funk passou a ser compreendida como um processo mais amplo de criminalização das favelas, dos seus sujeitos e de suas práticas.

Excluídos e explorados nos bastidores do mundo funk, esses artistas juntaram-se a movimentos sociais e outros sujeitos de esquerda, transformando a raiz-favela numa construção política central para as suas identidades. Como um movimento de (re) significação política, a favela – marginalizada e, implicitamente, racializada no discurso hegemônico – é reescrita como "raiz" na linguagem do funk. A "raiz-favela" transforma-se numa forma de existência social para esses MCs dentro e fora da indústria funkeira, e, além disso, a "raiz-favela" é a possibilidade de diálogo e de um outro tipo de reconhecimento público para esses locais e seus sujeitos.

As narrativas dos raps "de raiz" são constituídas por atos de fala onde os MCs narram e constroem a forma pela qual esses "micromundos" são vividos e experienciados não só por eles, mas pela maioria dos jovens das favelas. O funk traz à tona para a sociedade a favela como o local onde as pessoas se divertem ao som do funk, mas também o local onde elas habitam. Por meio dessa linguagem altamente localizada, eles enunciam e fazem valer as experiências de um grande contingente de jovens que habitam as favelas; jovens que ora são silenciados, ora são estigmatizados no discurso hegemônico. Como diz MC Leonardo, "o funk carioca é uma poderosa arma porque é uma forma de comunicação que mostra o que nós, favelados, vivemos, pensamos e queremos".[37]

---

[37] Depoimento coletado na Rocinha no ano de 2008.

CAPÍTULO 4

"VAI DESCENDO ATÉ O CHÃO": SEXUALIDADE E GÊNEROS NO FUNK CARIOCA

Manifesto do Movimento Funk é Cultura

O funk é hoje uma das maiores manifestações culturais de massa do nosso país e está diretamente relacionado aos estilos de vida e experiências da juventude de periferias e favelas. Para esta, além de diversão, o funk é também perspectiva de vida, pois assegura empregos direta e indiretamente, assim como o sonho de se ter um trabalho significativo e prazeroso. Além disso, o funk promove algo raro em nossa sociedade atualmente que é a aproximação entre classes sociais diferentes, entre asfalto e favela, estabelecendo vínculos culturais muito importantes, sobretudo em tempos de criminalização da pobreza.

No entanto, apesar de a indústria do funk movimentar grandes cifras e atingir milhões de pessoas, seus artistas e trabalhadores passam por uma série de dificuldades para reivindicarem seus direitos, superexplorados, submetidos a contratos abusivos e, muitas vezes, roubados. O mais grave é que, sob o comando monopolizado de poucos empresários, a indústria funkeira tem uma dinâmica que suprime a diversidade das composições, estabelecendo uma espécie de censura no que diz respeito aos temas das músicas. Assim, no lugar da crítica social, a mesmice da chamada "putaria", letras que têm como temática quase exclusiva a pornografia. Essa espécie de censura velada também vem de fora do movimento, com leis que criminalizam os bailes e impedimentos de realização de shows por ordens judiciais ou por vontade dos donos das casas de espetáculos.

A despeito disso, MCs e DJs continuam a compor a poesia da favela. Uma produção ampla e diversificada que hoje, por não ter espaço na grande mídia nem nos bailes, vê seu potencial como meio de comunicação popular muito reduzido. Para transformar essa realidade, é necessário que os profissionais do funk organizem uma associação que lute por seus direitos e também construa alternativas para a produção e difusão das músicas, contribuindo para sua profissionalização. Bailes comunitários em espaços diversos e mesmo nas ruas, redes de rádios e TVs comunitárias com programas voltados para o funk, produção e distribuição alternativa de CDs e DVDs dos artistas, concursos de rap são algumas das iniciativas que os profissionais do funk, fortalecidos e unidos, podem realizar. Com isso, será possível ampliar a diversidade da produção musical funkeira, fornecer alternativas para quem quiser entrar no mercado, além de assessoria jurídica e de imprensa, importantes para proteger os direitos e a imagem dos funkeiros.

O primeiro passo nesse processo é a união de todos, funkeiros e apoiadores, pela aprovação de uma lei federal que defina o funk como movimento cultural e musical de caráter popular. Reivindicar politicamente o funk como cultura nos fortalecerá enquanto coletivo para combatermos a estigmatização que sofremos e o poder arbitrário que, pela força do dinheiro ou da lei, busca silenciar a nossa voz. Tamos juntos!

(Manifesto aprovado em encontro de MCs e DJs realizado em 26-07-2008)

Em uma das primeiras Rodas de Funk realizadas pelo Movimento Funk é Cultura, organizada na casa da professora universitária Adriana Facina, foi lido e aprovado o manifesto que ora apresento na abertura deste Capítulo. Esse texto não só destaca o funk como uma das principais formas de cultura, de lazer e de trabalho da juventude das favelas, mas também enuncia a problemática sobre o monopólio presente na indústria funkeira (já citada no Capítulo anterior). Porém, ao mesmo tempo em que esse manifesto se torna um instrumento para a disseminação e fortalecimento da identidade desse grupo de funkeiros, enuncia implicitamente qual é o tipo de exclusão que essa identidade constrói. No manifesto, inclui-se como "cultura" a "crítica social" reconhecida como "a verdadeira poesia da favela" e se exclui o chamado "funk-putaria", entendido, nesse manifesto, como uma "mesmice" e uma consequência da censura velada imposta pelo monopólio da indústria funkeira.

Nesse sentido, vale lembrar que toda identidade é também uma forma de exclusão. Dito de outro modo, os sujeitos, ao fornecerem e enunciarem certo sentido para si e para suas práticas, acabam deixando de lado aqueles que não se encaixam em tal definição. Trata-se de um tipo de essencialismo estratégico (Spivak, 1994), ou seja, da fabricação de uma identidade para a qual é necessária uma idealização mínima – embora insuficiente, problemática e contestada – em momentos cruciais. Como já afirmei no Capítulo anterior, a identidade do funk de raiz é uma coprodução que envolveu a participação de militantes e intelectuais de esquerda. Assim, foi por meio do diálogo com esses sujeitos que o funk de raiz assumiu uma identidade de "funk consciente" no qual seriam encenadas as verdadeiras mensagens sobre a realidade da favela. Esse movimento foi fundamental para que o funk ganhasse um outro tipo de visibilidade pública, porém fez com que inúmeras produções funkeiras fossem excluídas de tal movimento. Não é por acaso que praticamente não existem, na APAFunk, MCs mulheres e os grupos de funkeiros chamados de "bondes" – aqueles que são os principais artistas representantes da vertente de funk ora enunciado como "funk-putaria" (uma referência às letras), ora como funk montagem (uma referência ao ritmo). Vale destacar que essa exclusão produziu alguns efeitos políticos. Por exemplo, não faz parte da plataforma da APAFunk nenhuma reivindicação de gênero ou de luta por direitos sexuais – uma plataforma que, ao meu ver, seria central para transformar a vida da juventude das favelas.

Neste Capítulo, pretendo tratar dessa última vertente do funk. Aqui, "represento" a identidade do "funk-putaria", seguindo o mesmo princípio utilizado no Capítulo 3, em que discuti a constituição do "funk de raiz". Desse modo, busco mostrar como as relações entre os sujeitos estruturam os "bastidores" do mundo funk, considerando, principalmente, a posição das mulheres nessas relações, bem como interpreto quais são os significados dessa performance funkeira quando ela entra em "cena". Ademais, argumento que o tema "sexo" não é algo estranho às manifestações da diáspora africana, tão presentes na cultura e na canção brasileiras.

Cabe destacar que, para esses jovens e para essas jovens, o funk é também uma forma de trabalho, de identidade e de visibilidade pública. No entanto, trata-se de uma identidade e de uma visibilidade que se constroem por meio de significados pornográficos nos quais os papéis de gênero são altamente marcados e enunciados. Dois argumentos contrários emergem no contexto da crítica a essa prática musical. Por um lado, a performance dessas jovens tem sido considerada por alguns setores da classe média brasileira como uma música que corrompe menores, ou ainda, como uma música que incentiva a violência contra as mulheres. Por outro lado, recentes estudos desenvolvidos sobre as mulheres no funk têm apontado que essas jovens com suas performances altamente sensuais encenariam um tipo de "novo feminismo", no qual falariam "abertamente sobre sexo em nome das jovens mulheres das favelas" (Lyra, 2006). Ambos os argumentos são problemáticos.

A primeira acusação do funk como uma violência de gênero está inserida no contexto mais amplo de criminalização dessa prática musical e de tudo aquilo que é oriundo da população favelada e pobre no Rio de Janeiro. Além disso, conforme analisarei ao longo deste Capítulo, o funk é tão misógino quanto outras práticas musicais – até mesmo aquelas ligadas a uma elite intelectual burguesa e, supostamente, branca. Portanto, o problema da violência de gênero não está no funk, mas na cultura brasileira de um modo geral.

O segundo argumento de que o funk seria um tipo de novo feminismo passa por uma compreensão muito superficial dos "bastidores" do mundo funk, como também do próprio termo "feminismo". É preciso reconhecer que, no chamado "funk-putaria", muitas jovens ganharam voz e visibilidade na cena funk, bem como algumas performances funkeiras passaram a subverter certos significados tradicionalmente atribuídos à identidade de homens e de mulheres. Porém, isso não significa – como destacam algumas estudiosas dessa prática musical –, que essas vozes femininas do funk por si só configurem ou reivindiquem para si "um novo tipo de feminismo".

Já que os gêneros são construções relacionais (Nicholson, 2000), é preciso compreender conjuntamente a performance de homens e mulheres, pois não são só essas últimas que tematizam o sexo. A performance das mulheres é um tipo de resposta aos atos de fala encenados pelos bondes. Como pretendo mostrar, mesmo que algumas jovens, na cena do mundo funk, acionem performances na qual se posicionam como agentes no jogo da sedução e muitos bondes causem uma perturbação na "matriz heterossexual" (Butler, 2003), com o seu rebolado, isso não implica um rompimento com os papéis de gênero mais tradicionais. Muito pelo contrário, os gêneros têm sido encenados no funk carioca como uma verdadeira "guerra dos sexos" particular e localizada, mas com traços em comum com os papéis assimétricos constituintes das relações entre os gêneros, ainda tão presentes em nossa sociedade (Pinho, O., 2007). De uma lado, a mulher situa-se como a "fiel" ou a "amante" (e suas inúmeras nomeações, como "lanchinho da madrugada," "mulher fruta", "boa", "puta", "cicciolina" etc.); de outro lado, os rapazes se posicionam como um tipo de "jovem macho sedutor" (com suas várias nomeações, como, por exemplo "mulekes piranha", "os facinhos" etc.).

4.1 Funk: o assunto é sexo

Como mostra Essinger (2005), o funk carioca passou por uma grande crise no final da década de 1990. Bailes de clube fechados por lei judicial, MCs presos e enquadrados pela lei de apologia ao crime e ao criminoso, empresários presos por aliciamento de menores foram alguns dos processos que o funk sofreu naquele período e que, mais uma vez, colocaram essa prática musical no centro do debate público, como sendo a causa dos males sociais. Em 2001, no entanto, o funk será renovado, assumindo um novo formato e o sexo passará a ser um dos principais assuntos tematizados nas letras e nas performances dessa prática musical.

Aqui, vale fazer uma breve retrospectiva e destacar que, na década de 1990, época do surgimento das primeiras composições desse gênero, o funk possuía duas características específicas: a batida do funk tinha como base o ritmo do rap produzido na região da Flórida (EUA), chamado de *Miami Bass*, e as letras eram, quase sempre, longas narrativas que falavam de paixão e de desilusões amorosas, retratavam os prazeres e as dificuldades de se viver em uma favela ou pediam paz nos bailes.[38] Esses funks eram cantados, em sua grande maioria, por dois rapazes que formavam uma dupla MCs.

Nesses primeiros dez anos de produção e consolidação do funk, a cena era praticamente dominada por essas duplas de MCs masculinos.[39] Foi somente em meados dos anos 2000, quando o funk já se havia firmado no Rio de Janeiro como um dos mais populares ritmos da cidade, que os "bondes" e MCs mulheres ganharam projeção. Nesse momento, o conteúdo e o ritmo do funk carioca passavam por algumas transformações. A batida do *miami bass* cedia espaço ao ritmo do chamado "tamborzão", e a maior parte das letras começa a ter um conteúdo considerado mais sensual e erótico. Se o rap, cantado nos primeiros anos de funk por uma dupla de MCs masculinos, era chamado de "rap-funk" ou "funk-consciente", nos anos 2000, os raps que se disseminam pelas cidade do Rio de Janeiro passaram a ser reconhecidos ora como "funk-montagem", ora como "funk-putaria". Este último é formado por pequenas narrativas que, geralmente, são constituídas por três ou quatro versos, continuamente repetidos. O funk-montagem ou apenas "montagem" (como frequentemente é chamado) refere-se às mixagens de ritmos e melodias produzidas pelos DJs em uma bateria eletrônica. Nesse caso, o recurso eletrônico é mais importante que a narrativa ou a voz do MC. Nesses dois tipos de funk, a "relação

....
[38] Nos anos 1990, tornou-se popular um tipo de baile funk conhecido como "baile de corredor". Nesses eventos, as galeras funk de várias partes da cidade se confrontavam violentamente nos chamados "corredores": uma linha divisória imaginária que separava as galeras consideradas "amigas" e as inimigas, denominadas "alemães". Esse corredor, portanto, funcionava como uma espécie de arena onde os rapazes simultaneamente combatiam e dançavam (Cecchetto, F. e Farias, P., 2002). É nesse contexto que muitos MCs começam a cantar raps em que a temática era um pedido de paz nos bailes.

[39] Dandara e Cacau foram as únicas MCs que tiveram projeção no funk carioca na década de 1990.

entre os sexos" é a principal temática das performances. Os interlocutores desses funks não são apenas homens, mas homens que falam com mulheres e vice-versa. Porém, como mostrarei adiante, nada faz supor que esse diálogo leve necessariamente a uma relação de simetria entre sexos.

Nos anos 2000, os palcos de funk passam a ser ocupados pelos "bondes" – termo utilizado para designar um grupo de jovens rapazes – que cantam músicas sobre os comportamentos sexuais e dançam de forma altamente feminina. Entre outros artistas, tais "bondes" inspiram-se em um dançarino de funk conhecido como "Lacraia": uma ex-*drag-queen* que, juntamente com o cantor, o MC Serginho, dança, segundo Lacraia, "como uma quase-mulher". Além disso, muitas mulheres passam a fazer parte da cena funk, cantando a sua sexualidade. Assim como nos anos 1990, quando os artistas produziam duas versões (uma para tocar nas rádios e outra considerada "proibida" por fazer apologia ao crime e ao criminoso), os MCs e as MCs do "funk-putaria" também produzem duas versões: uma considerada mais *light* e outra para ser tocada nos bailes – em que o conteúdo é qualificado pelos meios de comunicação corporativos como "proibidos" por possuírem uma linguagem que fala de sexo explicitamente.

Cabe destacar, primeiramente, que a erotização do funk não deve ser vista como um fenômeno singular e isolado, uma vez que "sexo" não é um tema estranho às manifestações da diáspora africana constitutivas da cultura brasileira. Segundo o jornalista e o crítico musical Rodrigo Faour (2008), o lundu, o maxixe, a marchinha, o samba e a própria MPB sempre foram permeados por temas eróticos. Não é de hoje que paródias, duplos e triplos sentidos e refrões pornográficos fazem parte de muitos gêneros musicais brasileiros. As marchinhas de carnaval – por exemplo, *Mamãe eu quero* (1936), de Jararaca-Vicente Paiva, ou *Eu dei* (1937), de

Ary Barroso – sempre se prestaram bastante a esse papel. Da mesma forma, as músicas do Nordeste também são um bom exemplo desse tipo de canções pornográficas de duplo sentido – *Passei a noite procurando tu* (1970), do Trio Nordestino.

Tais músicas sempre tiveram suas versões mais pornográficas executadas pelos cantantes em seus ambientes próprios, por exemplo, os clubes, blocos carnavalescos, festas e forrós. No entanto, a ampliação dos circuitos de execução e produção se deu posteriormente. Mais especificamente, podemos falar que isso ocorreu no Brasil a partir do que veio a ser chamado *axé music*. Segundo Cecchetto e Farias (2002, p. 57), na virada dos anos 1980 para os 1990, esse gênero musical traz para a cena musical brasileira uma "especularização do ato sexual a partir de letras de música cada vez mais explícitas, assim como coreografias típicas". Tais músicas passaram a dominar o mercado fonográfico nacional, inaugurando o que um crítico musical denominou "bunda *music*" (cf. Tárik de Souza, *apud* Villaça, 1999).

Com isso, quero dizer, em suma, que o conteúdo e a forma erótica/pornográfica não são um privilégio do funk, mas sempre fizeram parte de nossas canções e de nossas práticas culturais como um todo, desde os anos trinta até os dias atuais. Porém o que há de específico nos dias de hoje é que houve uma mudança do lugar da pornografia. De acordo com Cecchetto e Farias (2002), na virada deste século, a pornografia sai do canto do palco e transforma-se no centro das atenções. Dito de outro modo, "a pornografia como estilo é algo dominante, ou quase, na indústria cultural como um todo – essa é a novidade" (id., ibid., p. 59).

Por que isso ocorre? Uma das explicações possíveis seria que o "sexo" se transformou, nos últimos anos, em uma temática que, mais do que nunca, é publicamente e amplamente enunciável, pois a sexualidade passou a ser encarada como um "projeto" ou uma "propriedade do indivíduo" e não mais como um fenômeno da natureza. Segundo Giddens (1993), essa popularização do sexo está inserida em um contexto "ultramodernizante", no qual assistimos a uma expansão do mercado do erotismo e da pornografia e a uma consequente ruptura de muitas convenções mais restritivas do passado – o tema sexo deixa de ser um assunto unicamente privado.

Por essa via, Michelsen (2001) argumenta que os últimos anos foram acompanhados por um enorme crescimento da indústria do sexo, ou seja, pela globalização da pornografia que afetou a indústria cultural de um modo geral. Ainda segundo Michelsen (2001), essa indústria encontra-se em franca expansão, envolvendo um sistema global de entretenimento sexual que vai de vídeos pornô e shows de *streap tease* à prostituição, casa de massagens, dançarinas exóticas, sexo explícito na internet, entre vários meios. Somente no Brasil, cerca de dez milhões de mulheres têm envolvimento nessa rede; dessas, meio milhão seriam crianças (Michelsen, 2001).

Segundo algumas antropólogas feministas, essa disseminação e mercantilização do sexo teria um impacto diferente em meios populares. Por exemplo, para Heilborn (1999), os sistemas de gênero em meios populares seriam mais tradicionais, pois os "pobres", diferentemente da classe média, estariam menos expostos à lógica cultural da modernidade. Porém acredito que essa afirmação é um tanto apressada. Ainda que haja inúmeros significados nas performances de gêneros no funk, que possam ser definidos como tradicionais, acredito que o domínio da cena funk pela vertente "funk-putaria" não é consequência de um puro tradicionalismo – porque os jovens das favelas estariam presos a um passado. Mas, inversamente, porque esses jovens são ultramodernos e estão inseridos nessa lógica de uma sexualidade consumista. Em seus atos de fala líricos, os jovens embaralham qualquer dicotomia que tente situar de um lado relações de gênero mais tradicionais e de outro lado relações mais modernas.

Primeiramente, é preciso compreender que é nesse contexto ultramodernizante, no qual o sexo passa a ser uma mercadoria altamente vendável, que essas personagens da cena funk atual têm lugar. Poderíamos dizer que essas personagens refletem tal contexto, ao mesmo tempo em que colaboram para a sua construção. Na cena funk, a sexualidade é produzida socialmente e compartilhada publicamente, sendo também um produto altamente comercializado. Em segundo lugar, é preciso reconhecer que a modernidade não aboliu as diferenças e as desigualdades entre os gêneros. Pelo contrário, criou novas tensões entre homens e mulheres, que assumem significados específicos de acordo com a realidade social mais ampla na qual esses sujeitos estão inseridos. Desse modo, mesmo que esses jovens falem publicamente sobre a sua sexualidade e sobre os seus corpos, muitas vezes isso ocorre por meio de um vocabulário altamente sexista, homofóbico e racializado. Nesse sentido, como mostrarei mais adiante, encontramos tanto subversões, quanto reificações de papéis de gênero tradicionais atribuídos aos homens e às mulheres nos atos de fala encenados no mundo funk.

4.2 Bastidores: a posição das mulheres e as relações de poder na indústria funkeira

Ao longo de minha pesquisa de campo, conheci inúmeros bondes e MCs mulheres. Os artistas dos bondes, homens em sua grande maioria, têm uma média de idade que vai dos 13 aos 20 anos. Algumas mulheres têm um pouco mais de idade – chegando até os 30 anos. A maior parte desses jovens e dessas jovens não conheceram o pai e, frequentemente, moram com a mãe ou a avó. Essas provedoras, quando possuem emprego, trabalham como ambulantes ou faxineiras. Os funkeiros e as funkeiras, que normalmente já exercem alguma outra função (como ajudantes de obra, flanelinhas, empregadas domésticas, etc.) e já são, em sua grande maioria, pais e mães, buscam o funk não só como diversão, mas também como uma forma de reconhecimento público e uma fonte de renda a mais.

São raríssimos os funkeiros que trabalham sem o auxílio de pequenos empresários – estes últimos, muitas vezes, são pessoas, também, oriundas das favelas. Tais empresários, muitas vezes, já foram artistas de funk. São eles que auxiliam na negociação entre os artistas e as duas únicas empresas de funk do Rio de Janeiro. A relação entre os artistas, os pequenos empresários e essas duas empresas de funk é altamente conflituosa. Embora seja necessário reconhecer que a autoria dos funks é uma questão controversa, uma vez que essas produções são, muitas vezes, um produto coletivo, tais produções acabam sendo registradas no nome de uma ou mais pessoas.[40]

Segundo Morelli (2000), roubo e venda de músicas são uma prática comum na indústria fonográfica de um modo geral. Nos bastidores do mundo funk, pude observar como essa é uma prática

---

[40] Como nos lembram alguns etnomusicólogos (Harrison, 2002; Feld, 1984), músicas folclóricas ou indígenas, bem como as músicas da diáspora africana (como o jazz, por exemplo) são produções coletivas, que dificilmente se encaixam na noção de propriedade e de autoria presentes nas leis dos direitos autorais. A reivindicação da autoria como produto de uma mente solitária e individual a que se daria o nome de "autor" nos remete àquilo que Derrida (1982) cunhou de metafísica da presença e que pressupõe o argumento logocêntrico da totalidade da presença na significação – nesse caso, na marca autoral. Assim, a autoria no processo de produção de músicas funk não pode ser entendido segundo tal argumento logocêntrico. Os refrões que viram sucesso no funk surgem, muitas vezes, nas favelas e nos bailes de comunidade e dificilmente podem ser atribuídos a um único autor. No entanto, como é necessário registrar as músicas, essas produções passam a ser concebidas como produtos ou propriedades individuais.

frequente, bem como a disputa de artistas por diferentes empresários. Cabe destacar que o show, a produção e a disseminação da música de estúdio, de um modo geral, envolve a participação de inúmeros sujeitos. Mesmo havendo uma relação dialógica entre os artistas, os pequenos empresários e as duas grandes empresas de funk no Rio de Janeiro, é preciso considerar as relações de poder que estruturam essas trocas. Nesse caso, os pequenos empresários e a grande indústria de funk têm um papel determinante sobre essas produções. Se, por um lado, os pequenos empresários fazem os contatos com as rádios, com as gravadoras e com as casas de show, estipulando o valor do trabalho dos artistas, por outro lado, as duas grandes empresas de funk determinam quais são os conteúdos e os formatos dos shows.

Tanto os bondes quanto as mulheres MCs trabalham muito. Esses artistas fazem shows em casas noturnas situadas na baixada fluminense, nos subúrbios e nos bairros mais pobres da cidade do Rio de Janeiro, de quinta a domingo. Eles realizam uma média de cinco a oito shows por noite nos mais diferentes pontos da cidade.[41] Porém os artistas fazem essa quantidade de shows quando já atingiram certo nível de popularidade. Muitas vezes, isso acontece quando a música passa a ser tocada na rádio ou no programa de TV dessas duas grandes empresas de funk no Rio de Janeiro. Essa popularidade tem uma vida muita curta, não passando de um ano. Por exemplo, ainda que o formato seja bem semelhante, os grandes sucessos do momento do funk já não são mais aqueles produzidos pelos artistas de funk que conheci no anos de 2006 e de 2008 – período em que realizei as duas etapas de minha pesquisa de campo. Os artistas recebem por apresentação um montante que

---

[41] Inúmeras são as histórias de artistas que se acidentam (até fatalmente) nesses percursos. Frequentemente o tempo é curto, e a distância que eles se propõem a percorrer é muito longa.

os grandes empresários do funk passaram a denominar "dinheiro do carro", ou seja, o dinheiro que os artistas gastariam com o transporte – equivalente a R$ 100,00 ou R$ 200,00. O dinheiro adquirido nos shows é dividido entre os artistas, os motoristas e os pequenos empresários.

Os bondes, normalmente formados por rapazes muitos jovens que estão estreando no funk, são vulneráveis às decisões desses pequenos empresários. As mulheres que conheci, a despeito de sua maior experiência do que os bondes no mundo funk (segundo o critério de idade, mas também de acordo com o tempo que têm de carreira artística), também têm o rumo de suas carreiras decidido por esses pequenos empresários. Cabe destacar que as mulheres habitam o mundo funk, apenas, como MCs e dançarinas. De um modo geral, não encontramos, nos bastidores do mundo funk, mulheres empresárias ou DJs. Com a exceção de Verônica Costa (conhecida como a Mãe Loira do Funk), que já foi vereadora e possui uma produtora de funk e, ainda, um bonde de mulheres chamado Bonde da Juliana e as Fogosas, que tem a sua mãe como empresária, as mulheres, em sua grande maioria, são empresariadas por homens – que muitas vezes são pessoas com quem elas têm algum grau de parentesco (irmãos ou maridos).

Considerando essa posição das artistas funkeiras nos bastidores do mundo funk, vale a pena lembrar aquilo que algumas estudiosas da performance dessas mulheres destacaram em estudos recentes. Para Kate Lyra (2006), essas artistas "sem papas na língua" seriam como as rappers norte-americanas, mulheres jovens e negras que estão desenhando um novo tipo de feminismo. Apesar de essa ser a realidade de muitas rappers norte-americanas, jovens que, no interior do hip-hop produzido naquele país, desempenham as mais distintas funções – elas também são DJs, empresárias, donas de selos e muitos desses grupos possuem o seu próprio estúdio –,[42] o mesmo não pode ser dito sobre as funkeiras cariocas. A música de estúdio é um trabalho dialógico, mas é sempre o produtor (que, muitas vezes, também é o empresário dessas artistas) quem dá a palavra final sobre as músicas. Assim, muitos funks famosos encenados por mulheres, no fim, são performances nas quais os homens têm um grande poder de decisão sobre a sua forma/conteúdo.

Além disso, é preciso analisar qual é a força dos atos de fala encenados por essas mulheres, considerando a historicidade do termo "feminismo". Segundo Costa (2002), o sujeito do feminismo não é uma categoria essencial que falaria em nome de um suposto sujeito homogêneo e também essencial: a mulher. Articuladas com a política de identidade e a crítica pós-estruturalista, as teóricas feministas assumem a categoria mulher como uma posicionalidade, ou, dito de outro modo, como um lugar de enunciação geopolítico. Ainda que esse lugar seja múltiplo e marcado por várias interseccionalidades (ou seja, atravessado por outros vetores de identificação como, por exemplo, a classe, raça, geração, território, etnia etc.), o feminismo é uma busca constante por diálogo

---

[42] No ano de 2007, época em que participei no Departamento de Estudos Afro-Americanos da Universidade da Califórnia (Berkeley) do Grupo de Estudos *Hip-Hop Working Group,* coordenado pelo sociólogo Percy Hintzen, entrei em contato com inúmeras artistas do hip-hop, que se encontravam, naquele período, fazendo curso de doutorado e escrevendo suas teses sobre gênero e hip-hop, em distintos departamentos de ciências humanas daquela universidade. Uma das integrantes do grupo é, atualmente, uma famosa MC da Bay Area (área da baía de San Francisco). MC Carmem, além de já ter sido DJ e possuir a sua pequena produtora, é uma das responsáveis pela organização de um dos maiores eventos populares de hip-hop, chamado de *Threats without regrets* ("desafios sem arrependimentos"), que acontece mensalmente naquela região. O principal tema desse evento é o sexo, e as mulheres comandam o show: tanto no palco, quanto nos seus bastidores. Jovens como MC Carmem não são a grande maioria, mas existem no hip-hop estadunidense. Para maiores discussões sobre o tipo de feminismo das rappers e o lugar que elas ocupam na indústria do hip-hop estadunidense, ver Rose, 1994; Gaunt, 2004; Keys, 2004.

como esse lugar de enunciação – assumindo toda a sua provisionalidade e contingência. Nesse sentido, até que ponto essas produções – fruto de relações de gênero tão assimétricas presentes nos bastidores do funk – poderiam ser consideradas como um "novo tipo de feminismo"? Ou ainda, essas produções dialogam com o que já foi dito sobre o comportamento de mulheres e homens, buscando, de alguma maneira, estabelecer solidariedade entre as mulheres e alterar as relações hierárquicas de gênero? Acredito que não. Com raríssimas exceções, tanto as moças quanto os rapazes integrantes de bondes que entrevistei ao longo de meu trabalho de campo, ao falarem sobre o conteúdo pornográfico de suas produções, não se situam como sujeitos que estariam preocupados em desafiar as rígidas regras de gênero, tampouco em lutar por seus direitos sexuais. Ao contrário, nesse caso, eles e elas repetem e respondem como reprodutores de uma determinada lógica compulsória dos gêneros, pois é tal lógica que, segundo eles, "vende" ou "as pessoas gostam".

Porém, como não há um exterior à linguagem, essa repetição muitas vezes provoca uma subversão dos sujeitos de gênero. Como destaca Butler (2003, p. 209), "é somente no interior das práticas de significação repetitiva que se torna possível a subversão da identidade ". Como mostrarei na próxima seção, alguns artistas de funk "quando entram em cena" acabam subvertendo certas posições que, tradicionalmente, constituem o lugar do feminino e do masculino. Todavia, essa subversão, na maior parte das vezes, não se configura como um tipo de resistência, tampouco como uma espécie de plataforma feminista.

MC Dandara, uma das únicas artistas mulheres que iniciou a sua carreira na década de 1990, cantando o funk-rap, abandona essa prática musical por alguns anos e retoma a sua carreira em meados dos anos 2000 cantando o "funk-putaria". Encenando o funk *Pode me chamar de puta*, a MC volta a ser um grande sucesso no mundo funk, que, segundo ela, se transformou numa grande "putisse". Aqui, vale a pena destacar um trecho da primeira entrevista que realizei com essa artista.

> ADRIANA – Então, Dandara, me fala o que você acha assim da imagem das mulheres no funk?
> DANDARA – (risos) depende. O que você quer ouvir? Quer saber o que tá na moda pra essas jornalistas?
> ADRIANA – O que tá na moda?
> DANDARA – "Putisse", ora, "putisse"! O funk virou uma grande "putisse"! Se você quiser, eu falo "putisse", porque é isso que tá na moda, tá me dando espaço nos jornais, e as jornalistas gostam de ouvir.
> ADRIANA – Tá, mas e a Dandara do *Rap da Benedita*?
> DANDARA – Eita que essa um dia vai voltar! Mas agora, a minha boca tá toda suja. Primeiro vendi pra o marido da Valesca, um empresário, a música em que eu dizia que era uma *piranha*, eu achava que não ia ter coragem de cantar aquilo. Mas aí eu vi a *Agora tô piranha* estourar na boca da Gaiola das Popozudas. Aí eu resolvi fazer pior, vou fazer a puta. (...) Eu virei a "puta" do funk e foi só assim que consegui meu espaço no funk. E se é a puta que eles querem, é assim que eu vou começar (risos) ... Dandara do céu, Zumbi que me perdoe!

Nesse trecho da primeira entrevista que realizei, Idaulina dos Santos, que escolheu como nome artístico "Dandara" em homenagem à mulher de Zumbi, devolve a minha pergunta "o que você acha da imagem das mulheres no funk?" com uma outra pergunta "Depende. O que você quer ouvir?" Uma estratégia que, segundo Thomas (1995), seria de controle de turno. Dandara que, nesse período, já havia fornecido entrevistas para programas de TV da Rede Record e para revistas de público feminino, em que o tom dessas entrevistas destaca um suposto caráter revolucionário das funkeiras femininas, averigua primeiro se é isso que eu quero ouvir. No entanto as minhas duas outras perguntas afastam-me do lugar de enunciação desses entrevistadores. Primeiro, também respondo com uma outra pergunta: "O que tá na moda?" E depois, com outra pergunta, destaco que sei a história da artista, quando digo: "mas e a Dandara do *Rap da Benedita*?" Trata-se de um funk-rap que a artista produziu em 1998 para um festival de funk, em que a letra era uma defesa da então senadora negra e favelada, Benedita da Silva. Como se a autora desse rap fosse uma outra personagem que "um dia vai voltar", Dandara conta que, inicialmente, não queria cantar o que ela chama de "putisse". Porém, após compor a música *Solteira* ou *Piranha* (dependendo da versão) e vender para o empresário do grupo Gaiola das Popozudas que, na época, também era seu empresário, a artista resolve "fazer pior" ou, como ela diz, "virar puta do funk".

Como afirmei anteriormente, a venda e o roubo de músicas são práticas comuns no mundo funk. Assim, a música que Dandara vendeu para o empresário por uma quantia muito pequena vira, com a interpretação do grupo Gaiola das Popozudas, um dos grandes *hits* do ano de 2007. Dandara abandona esse empresário, que também é marido da vocalista da Gaiola das Popozudas, e decide, com apoio de um outro empresário, compor e cantar músicas de conteúdo pornográfico. Nesse sentido, vale a pena destacar até que ponto o "falar de sexo" é sinônimo de resistência, ou, ao contrário, é uma das alternativas impostas pelo próprio mercado funkeiro às mulheres, pois, de acordo com Dandara, é "isso que tá na moda, tá me dando espaço nos jornais, e as jornalistas gostam de ouvir".

Até mesmo a funkeira Tati Quebra-Barraco, que estourou com a música *Me chama de cachorra* e se transformou em um dos maiores ícones dessa vertente feminina do funk, em entrevista que forneceu a jornalistas, também destaca que canta esse tipo de música não por alguma causa feminista, mas porque é o "produto" que vende. Segundo Tati, "Não posso cantar música romântica. As pessoas não esperam isso da Tati" (Essinger, 2005, p. 218). Quando questionada sobre uma suposta militância feminista, a cantora responde: "não me considero feminista. Mas, se ser feminista é falar sobre sexo, então nós todas somos" (*apud* Medeiros, 2006, p. 88).

Segundo o jornalista Faour (2008), a invasão do sexo no espaço público e na mídia transformou a liberdade sexual numa ilusão. Nas palavras do próprio autor, "a liberdade sexual está muito ligada ao comércio e à industrialização do erotismo. Tudo fica condicionado a interesses econômicos. Tudo bem que a cachorra sacuda a bunda, mas ela tem de ter vontade de fazer isso, e não apenas para aparecer na televisão" (id., ibid., p. 345). Assim, parece-me que o funk é incorporado pela indústria pornográfica, pois é o sexo que vende e, consequentemente, a própria funkeira incorpora a pornografia (ou o que Dandara chamou de "putisse"), pois só assim ela pode conseguir espaço no funk e chamar a atenção da mídia corporativa.

Com isso não estou querendo dizer que essas jovens não possuem agência e não efetuem escolhas. Agência, no entanto, não é sinônimo de resistência. Segundo Butler, enquanto a agência está ligada à capacidade de ação de um sujeito (não transcendental) nos discursos, a resistência está relacionada não só com a ação desse sujeito, mas também com a possibilidade de que essa ação resulte, de alguma maneira, em uma ressignificação radical dos discursos (Butler, 1997). Ainda que em algumas performances essa agência possa ser lida como um tipo de subversão do feminino, acredito ser problemático afirmar que esse movimento por si só se configure como uma resistência feminista. Como mostrei no fragmento de entrevista que realizei com MC Dandara, ela escolhe esquecer a funkeira que outrora cantava o *Rap da Benedita* na medida em que fala em nome da personagem "puta". No entanto, a constituição de tal personagem e da cena funk atual é determinada não só pela pornografia "que vende", mas também por escolhas efetuadas por homens nos bastidores do mundo funk – um espaço no qual as mulheres não ocupam as posições de decisão e de maior poder sobre o rumos e os sentidos do funk e de suas próprias carreiras.

4.3 Em cena: uma guerra dos sexos

Como já enfatizei no Capítulo 2, uma vez que as identidades de gênero são constituídas na linguagem, não há, portanto, um gênero que preceda a linguagem. Em outras palavras, não é uma identidade que "faz" uma linguagem, mas é uma linguagem que "faz" um gênero. Não há um "eu" fora da linguagem, pois a identidade é sobretudo uma prática significante. Sujeitos culturalmente inteligíveis são "efeitos" de um discurso e não a sua "causa". Assim, não há um gênero "falso" ou "verdadeiro", pois não há uma essência anterior à linguagem. Nesse sentido, toda identidade de gênero é uma performance ou uma paródia – ou seja, uma cópia de uma cópia (já que não há uma essência, não há um original). Porém, ainda que os gêneros sejam construções, os sujeitos não realizam nenhum tipo de performance. As identidades de gênero são reificações que seguem determinados padrões ligados a um modelo normativo indissociável "das relações de disciplina, de poder e de regulação" (Butler, 1993, p. 232).

Algumas teóricas dos gêneros mostram que esses padrões acabam por definir os gêneros de forma relacional (Nicholson, 2000). Assim, homens e mulheres, rapazes e moças definem-se e desenvolvem comportamentos adequados uns diante dos outros. O elemento operador dessa relação, que marca o espaço de definição da performance masculina e da performance feminina, é, de um lado, a sexualidade e, de outro lado, o vínculo social do casamento, "pensado como lugar da realização pessoal individual, ou seja constituído sob a égide do individualismo moderno, mas também como o lugar de reprodução da vida social" (Pinho, O., 2007, p. 137).

Na cena do mundo funk, as performances de gênero são encenadas de modo polarizado: entre o espaço da sexualidade e o espaço do compromisso com o casamento. Cabe destacar que, nessa polarização, existe uma ênfase na dominação masculina e nos padrões assimétricos dos gêneros. Assim temos, de um lado, "o jovem macho sedutor", que "tudo pode", pois ele circula entre esses dois espaços: tanto o da sexualidade quanto o do casamento – ele pode seduzir e fazer sexo por prazer, mas também pode casar. E, de outro lado, a personagem "fiel" (como aquela que estabelece vínculos do casamento) e a "amante" (aquela que está apenas no espaço da sexualidade). Além de amantes, as mulheres também se posicionam no funk como "cachorras", "putas", "piranhas" etc. Cabe destacar que para as mulheres não é possível cruzar as fronteiras ou circular publicamente entre esses dois espaços – o da sexualidade (incorporando a performance da "amante") e o do casamento (incorporando a performance da "fiel"), o que provocaria, de alguma maneira, uma quebra nesse padrão de dominação masculina. Passo, agora, a discutir, detalhadamente, essas personagens de gênero que sustentam e habitam a cena funk.

4.3.1 O "jovem macho sedutor"

Boa parte do nome dos bondes atuais destaca significados sexuais, por exemplo, Bonde dos Prostitutos, dos Facinhos, dos Mulekes Piranhas etc. Embora esses nomes carreguem marcas de certa ambivalência constituinte da performance dos bondes –,[43] são termos que, tradicionalmente, são utilizados para marcar a performance das mulheres negativamente. Quando atribuídos aos homens, são positivados, reificando, desse modo, a imagem do homem como "comedor" e "garanhão".

Em entrevistas que realizei com esses artistas, muitos deles afirmam que têm como fonte inspiradora de suas performances, entre outros artistas, um dos primeiros grupos de bondes criados no Rio de Janeiro, chamado de Bonde dos Magrinhos. Provenientes do Parque União, localizado na Favela da Maré, esse grupo composto por quatro jovens começou a fazer show em bailes de comunidade no ano de 2003. No ano de 2006, eles ganham grande popularidade, época em que gravam uma de suas músicas com a Link Records de DJ Marlboro. Assim como outros bondes que se tornaram populares nesse período (por exemplo, Bonde do Vinho, Bonde do Tigrão), o Bonde dos Magrinhos canta sobre sexo e mulheres, como mostro na letra a seguir.

> A minha mina está em casa/ está dormindo no sofá/ enquanto eu estou no baile,/ preparado para zoar./ Tô pegando as mulheres/ que pensam que é minha mina/ só pego aquela noite/ pra fortalecer no dia./ Não compara com a de fé,/ tu é lanchinho da madrugada,/ mas se mexer com a fiel....
> (*Lanchinho da madrugada*, Bonde dos Magrinhos)

Neste funk, dois tipos de mulheres aparecem de forma altamente polarizada: "o lanchinho da madrugada" e a "fiel". Essas, segundo o bonde, seriam personagens "incomparáveis" ("Não compara com a de fé/ tu é lanchinho da madrugada"). Assim como nessa música, na grande maioria dos funks, a sexualidade é sempre definida em relação ao homem. Por exemplo, ao passo que a

---
[43] Tal aspecto será analisado mais adiante neste Capítulo.

mulher "fiel" é aquela que "guarda" a sua sexualidade para o homem no espaço privado ("A minha mina está em casa"), a mulher "lanchinho da madrugada" é aquela que "dá" a sua sexualidade ao homem no espaço público (*no baile*).

4.3.2 Novinha

A novinha é outra personagem feminina típica encenada nos atos de fala da cena funk. Trata-se de uma "amante" que é significada pela sua pouca idade. Essa também é cantada nas músicas de funk como um objeto de desejo ou como aquela que dá prazer ao homem, como mostro na letra funk a seguir.

> Vai Novinha, vai novinha/ Vai no baile/ Eu vou te deixar maluca/ Tu vai ficar suadinha.// No baile, eu vou te pegar de jeito,/ gata para de gracinha/ É os magrinhos, com as novinhas/ Se você quer a pressão,/ gata para de gracinha/ É os magrinhos/ Mandando para a novinhas// Vai Novinha, vai novinha/ Rebolando bem gostoso/ Tu vai ficar suadinha./ É os Magrinhos/ Mandando para as novinhas/ Tu vai ficar suadinha/ Tu vai ficar maluquinha. (*Vai novinha*, Bonde dos Magrinhos)

Em uma das apresentações que acompanhei do Bonde dos Magrinhos, MC Ricardinho, o vocalista, antes de cantar tal funk, alerta, em tom satírico, a sua plateia da seguinte forma: "Vou mandar agora para as Novinhas! E tem de usar camisinha! Olha o preço do leite Ninho!" Assim como o termo Novinha, os significados ligados à infância estão amplamente presentes no funk como um todo – se nos funks de raiz isso fica evidente, pois muitas músicas são entoadas em ritmo de cantiga de roda infantis, no "funk-putaria" isso é ampliado, uma vez que algumas de suas personagens sexuais são significadas como meninas de pouca idade.

De maneira semelhante, poderíamos compreender uma outra personagem encenada por um MC feminina, chamada Vanessinha Pikachu – o mesmo nome de um desenho infantil. Em um dos seus raps que também tem o nome de *Pikachu*, a MC canta a sua decepção diante do parceiro, decretando seu verdadeiro desejo: "Me chamou para sair/ olha que decepção/ Me levou pra o cinema para assistir o Pokémon/ (...) Eu quero ir pro baile brincar com Pikachu."

Esses atos de fala demonstram a proximidade desses jovens com o universo infantil, ao mesmo tempo em que eles marcam a sua distância desse universo, através da sátira – "quero ver o 'Pikachu'" (aqui uma referência ao órgão genital do homem), "olha o preço do leite Ninho!" (um alerta para a necessidade de preservativo no ato sexual). A distância entre a adolescência e a infância é, deste modo, construída através do alardear da atividade sexual, que marcaria a entrada na idade adulta.

Ao longo de meu trabalho de campo percebi que, na atualidade, a figura que causa mais polêmica dentro e fora do mundo funk é a personagem "Novinha". Muitas críticas são feitas, até mesmo por alguns funkeiros (principalmente, aqueles pertencentes à vertente do funk de raiz). O grande problema com essas letras estaria no fato de essa personagem significar a passagem da infância para a adolescência muito precocemente – "Novinha" é um termo que se refere às jovens menores de idade. Desse modo, parece que a erotização do funk encaixa-se muito bem no contexto de expansão da indústria pornográfica, como sugeri anteriormente – que inclui um número grande de mulheres e, entre elas, muitas crianças. Não é por acaso que alguns funkeiros que cantam essa vertente do funk, por exemplo, MC Serginho e Lacraia, também criticam essa personagem. Em entrevista que realizei com a dupla, bem como em suas apresentações, os artistas dizem que cantam para "as mulheres experientes" ou "para as velhinhas".

4.3.3 Fiel *versus* amante

Na linguagem do funk, existe uma ênfase na dominação masculina e nos padrões assimétricos das relações de gênero, mas isso não significa que as mulheres se posicionem de forma passiva ou alienada. Muito pelo contrário, as mulheres têm voz e respondem a essas interpelações masculinas. No entanto, trata-se de uma resposta que está submetida aos significados mais amplos da cultura brasileira, bem como às circunstâncias dos bastidores do funk e à lógica de mercantilização da sexualidade.

Para mostrar um tipo de posicionamento das mulheres na cena funk, vale destacar a performance das MCs Kátia e Nem. As duas artistas, provenientes do Parque União, localizada na Favela da Maré, começaram a cantar no ano de 2007, encenando um duelo entre a "fiel" (MC Kátia) e a "amante" (MC Nem). Um dos integrantes do Bonde dos Magrinhos, que na época de minha pesquisa de campo era casado com MC Nem, compôs o *Duelo da amante versus fiel* para ser interpretado nos palcos pelas MCs. Em entrevista que realizei com as duas, as artistas cantaram o duelo verbal que costumam encenar nos palcos. MC Kátia enuncia como a "fiel" que rivaliza com MC Nem, que enuncia como a "amante".

> MC Kátia (Fiel) – Quer me chamar de chifruda/ Achar que isso me doeu,/ mas na boca do povo/a mal falada não sou eu./ Não compare com a de fé/ ouça bem essa parada/ já ganharam o diploma de "Lanchinho da Madrugada"// MC Kátia e MC Nem (ambas) – Retornamos boladonas/ e seguimos adiante// MC Kátia – Vamos olhar pra cara das amantes e vamos debochar/ MC Nem – Vamos olhar pra cara das fiéis e vamos debochar/ MC Kátia – Ah, ah, ah agora eu vou te esculachar/ MC Nem – Ah, ah, ah eu que vou te esculachar// MC Nem – Quem é você sua chifruda?/ MC Kátia – Vou te mostrar sua safadona/ MC Nem – Você tem que se contentar que ele

nunca vai ser só seu/ MC Kátia – Mas pra tê-lo do seu lado/ vai ter que ser mais mulher que eu. (*Duelo amante versus fiel*)

Nessa entrevista que realizei com as jovens, perguntei se no mundo funk havia "homens fiéis" e "homens amantes". As duas acharam muito estranha a minha pergunta, como mostro no fragmento a seguir.

> ADRIANA – Por que não tem homem fiel e homem amante no funk?
> MC KÁTIA – (risos) Claro que não! O homem pode tudo. Ele pode ser moleque piranha que não tem problema, mas a mulher não pode ser puta.
> MC NEM – Esse bagulho de "Lanchinho da madrugada" pra mim é só no palco mesmo. Eu sou de fé, sou casada.

A identidade da mulher constrói-se não só em relação ao homem, mas também em relação às figuras femininas construídas historicamente: a "virgem" e a "puta". Assim, a performance da fiel e da amante (re)atualiza essas figuras em uma disputa em que cada qual se coloca como sexualmente superior. Em outras palavras, a superioridade da fiel ou da amante é construída à medida que a outra é enunciada como a rival "inferior". Cabe destacar que esse tipo de construção de identidades de gênero na qual a rivalidade é altamente valorizada vai de encontro a qualquer vertente do movimento feminista, que tem como plataforma política a construção de uma "solidariedade" entre as mulheres (Nicholson, 2000). Considerando as performances de palco, esse é um aspecto da identidade das mulheres – fundamentado por uma lógica individualista ("ganha o homem aquela que for sexualmente melhor que a outra") –, que, ao meu ver, inviabiliza, de saída, o reconhecimento do funk feminino como um tipo de funk feminista.

Mais uma vez, é preciso lembrar que a agência não é sinônimo de resistência, ou, nesse caso, que a agência das funkeiras – que não são passivas diante dos discursos e das performances do mundo funk – não é sinônimo de resistência feminista. O funk interpela as mulheres como "fiéis", "amantes", "novinhas" e elas não ficam caladas diante desse "chamado", mas a resposta que elas encenam, dificilmente, rompe com a desigualdade entre os gêneros. As mulheres têm participado da cena funk atualizando dicotomia "virgem/puta" e, consequentemente, as relações de poder que naturalizam tais posições.

4.3.4 As "cachorras"

Entretanto, ao incorporar, principalmente, a performance de "cachorra" e seus inúmeros desdobramentos ("piranha", "puta" "boa", "solteira", "mulher fruta", "cicciolina", "cachorra" etc.) é que a maioria das mulheres tomou conta da cena funk. É interessante notar como as funkeiras, que começam a cantar músicas que são consideradas mais "light" (ou seja, em que o conteúdo sexual não é tão evidente) ou músicas mais românticas, acabam mudando de gênero musical – isso também acontece com os homens. Tais artistas passam a ser classificadas como cantores de "pop romântico". Aqui parece haver uma restrição nas identidades de gênero que podem ser encenadas no gênero musical funk.

Destaco, agora, algumas performances de MC mulheres que exemplificam a forma pela qual as "cachorras" encenam as identidades de gênero no mundo funk. Primeiramente, apresento as artistas e as suas músicas e, posteriormente, realizo uma análise conjunta de suas produções.

Cantando músicas compostas em parceria com seu irmão, a MC Tati Quebra-Barraco foi a primeira a utilizar o termo "cachorra" em seus funks. Depois dela, várias outras artistas começaram a cantar músicas com termos semelhantes, por exemplo, MC Dandara e o grupo Gaiola das Popozudas que encenam a "boa", a "piranha" etc. Em suas letras, a temática é sempre sobre a sua agência na conquista e no sexo. Porém a reivindicação para si sobre o poder de ação no jogo da paquera acontece por meio de um vocabulário que é fundamentalmente masculino.

A primeira música que trouxe o termo cachorra foi *Boladona*, de Tati Quebra-Barraco, cantada sob o ritmo do chamado "tamborzão" e composta pelos três seguintes versos: "Me chama de cachorra, que eu faço au-au/ Me chama de gatinha, que eu faço miau/ Se tem amor a Jesus Cristo." Depois disso, outros grupos gravaram funks com tal termo, bem como Tati na música *Boladona III*, que leva o nome de seu primeiro CD.

> Na madruga boladona,/ sentada na esquina./ Esperando tu passar/ altas horas da matina/ Com o esquema todo armado,/ esperando tu chegar/ pra balançar o seu coreto/ pra você de mim gostar/ **Sou cachorra, sou gatinha/ não adianta se esquivar/ vou soltar a minha fera/ eu boto o bicho pra pegar.**
> (*Boladona*, Tati Quebra-Barraco) (*negritos meus*)

No ano de 2007, o grupo Gaiola das Popozudas, composto por três mulheres (uma vocalista e duas dançarinas), ganha grande popularidade com a música *Agora, tô piranha* ou *Agora tô solteira* (dependendo da versão). Destaco a seguir a versão "putaria" *Agora, tô piranha*, que é encenado pelo grupo Gaiola das Popozudas.

> Eu vou pro baile/ Eu vou pro baile/ Sem calcinha/ **Agora, eu sou piranha e/ Ninguém vai me segurar/** Eu vou pro baile/ Procurar o meu negão/ Vou subir ao palco/ Ao som do tamborzão/ Sou cachorrona mesmo/ E late que eu vou passar/ Agora, eu sou piranha/ E ninguém vai me segurar.
> (*Agora tô piranha*, Gaiola das Popozudas) (*negritos meus*)

Uma das mulheres mais antigas no funk é MC Dandara. Nos últimos três anos, a artista só encena o "funk-putaria". Em seu último CD de trabalho, MC Dandara conta que, entre as doze faixas do CD, gravou a música *Pode me chamar de puta* – que, na sua opinião, "é pior" do que a *Agora tô piranha* encenada pelo grupo da Gaiola das Popozudas –, bem como um outro funk em que ela faz uma homenagem às prostitutas chamado de *Cicciolina do funk*. Em uma das entrevistas que realizei com MC Dandara, a artista conta: "Se é das prostitutas que o mundo fala mal, é em nome delas que eu vou cantar um funk." Transcrevo a seguir ambas as letras: *Pode me chamar de puta* e *Cicciolina do funk*.

Pode me chamar de puta	*Cicciolina do funk*
Pode me chamar de puta a noite inteira Hoje eu trepo a noite inteira **Sou a rainha da sacanagem** **E já não faço mais segredo** Gosto de piroca grossa A noite toda Pode me chamar de puta a noite inteira	Se a tua pressão tá baixa E te chamam de mané Eu levanto esta piroca, Porque eu sou muito mulher Eu? **Eu meto e meto muito** **Eu meto e meto muito** **Tá com dinheiro,** **tem disposição?** **Paga um motel,** Sou Cicciolina do funk Te tiro do inferno e te ponho no céu **Eu gosto muito de grana** **Não me venha com merreca** **Se botar três mil na cama** **A cobra espanca a perereca** Eu meto e meto muito Tá com dinheiro, tem disposição? Paga um motel (...)

Entre as MCs que conheci, o Bonde da Juliana e as Fogosas, composto por três integrantes (duas dançarinas e uma MC), é o único grupo empresariado por uma mulher – que também é a mãe de duas das integrantes. Em entrevista que realizei com o grupo, Juliana, a cantora do bonde, conta que "todo mundo gosta de sexo e a gente canta o sexo porque para ganhar dinheiro no funk tem de ser assim". Em 2006, o Bonde da Juliana e as Fogosas começou a ganhar popularidade nos bailes de comunidade com a música "A porra da buceta é minha" que, posteriormente, foi interpretada pela MC Dayse Tigrona, uma artista que, assim como Tati Quebra-Barraco, virou um dos grandes ícones dessa vertente do funk. Segundo informações coletadas em campo, tal música teria sido composta por um dos integrantes do Bonde dos Magrinhos, sob encomenda de Juliana. A artista conta que queria cantar uma música "para as mulheres que falasse mal dos homens".

> Aí seu otário!/ Só porque não consegui foder comigo/ Agora fica me difamando né// Eu vou te dar um papo/ Vê se para de gracinha/ Eu dô pra quem quiser/ Que a porra da buceta é minha// Se liga no papo/ No papo que eu mando/ Só porque não dei pra tu/ Você quer ficar me difamando// Agora, meu amigo,/ Vai tocar uma punhetinha/ Porque eu dô pra quem quiser/ Que a porra da buceta é minha.
> (*A porra da buceta é minha*)

Antes de analisar essas narrativas, vale fazer uma ponte com as ideias de Bakhtin (1993) sobre o grotesco nas manifestações carnavalescas. Em seu estudo sobre a estética medieval ocidental, o filósofo russo vai dizer que o grotesco se caracteriza por uma concepção alegre e festiva do corpo, cujo traço marcante é o rebaixamento, ou seja, a ênfase no plano material, em contraposição a tudo que é ideal e abstrato. Nas palavras de Bakhtin (op. cit., p. 19),

> Degradar significa entrar em comunhão com a vida da parte inferior do corpo, a do ventre e dos órgão genitais, e portanto com atos como o coito, a concepção, a gravidez, o parto, a absorção de alimentos e a satisfação das necessidades naturais. A degradação cava o túmulo corporal para dar lugar a um novo nascimento, e por isso não tem somente um valor destrutivo, negativo, mas também positivo, regenerador: é ambivalente, ao mesmo tempo negação e afirmação.

Todas essas músicas são pequenas narrativas em 1ª pessoa, em que as MCs constituem as suas identidades como jovens independentes, que gostam de festa, possuem uma vida sexualmente ativa e falam abertamente de sua sexualidade. Porém, nessas narrativas, há um exagero e até mesmo a presença de uma certa animalidade (os termos "cachorra" e "piranha" nos fornecem essa pista), que pode ser considerada como metonímia de um vigor sexual feminino. A mulher se afirma como ativa e fogosa o suficiente para trepar "a noite inteira", para "quebrar o barraco" e para dar "pra quem quiser". Há em todas essas produções um tom jocoso que provoca o riso – ao mesmo tempo tão degradante e tão regenerador – que festeja porém agride, desenvolvendo toda a ambivalência fundamental ao grotesco.

Ainda segundo Bakhtin (1993), há nessas manifestações grotescas traços de uma insatisfação com a cultura hegemônica, que deflagra um sentimento de revolta contra várias formas de dominação. Esse sentimento é encenado numa linguagem carnavalesca e impregnado pela "consciência da alegre relatividade das verdades e autoridades no poder" (id., ibid., p. 9). Assim, essa linguagem é permeada por uma carnavalização da ordem, instaurando uma lógica das coisas "ao avesso" e das permutações constantes entre o "alto" e o "baixo". O funk promove essa inversão, exaltando o "baixo corporal" e carnavalizando as identidades de gênero. Todas essas narrativas são permeadas por atos de fala que encenam os órgãos genitais de ambos os sexos: *buceta, piroca grossa* etc. Nos termos das funkeiras, é uma prática musical que "vai descendo até o chão" e, nesse movimento, certos estereótipos são ora reificados, ora subvertidos.

MC Dandara afirma que "já não guarda mais segredo" e encena publicamente os atos de fala que, tradicionalmente, são ditos "entre quatro paredes". Nessa performance, a artista se posiciona como o avesso da *Rainha do lar* – uma figura feminina que se encaixa no perfil "virgem/santa", tão cantada em canções folclóricas brasileiras –, encenando a *Rainha da sacanagem*.

Segundo Fry (1982), o jogo de sedução é fundamentado pelos conceitos "passivo" e "ativo", no qual o "passivo" é sempre considerado o mais fraco, o feminino, o dominado, o submisso. As mulheres do funk carnavalizam e citam a lógica do "ativo" e do "passivo" pelo seu avesso, uma vez que elas implementam o conceito "ativo" para a mulher. Desse modo, a MC do grupo Gaiola das Popozudas encena atos de fala em que ela se posiciona como uma jovem que vai pro baile, procurar o seu negão. Tati Quebra-Barraco, por seu turno, coloca-se como agente no jogo da sedução quando canta que está "com o esquema todo armado", "esperando tu chegar" e MC Dandara rompe com aquilo que não deve ser dito pelas mulheres, ao enunciar que gosta de "piroca grossa a noite toda".

Assim como em outros gêneros da canção brasileira, no funk, homens e mulheres são significados de forma antagônica por uma formação vernacular altamente sexista, na qual a masculinidade é valorizada, e a mulher é sempre retratada pela dicotomia "santa *versus* puta" – ambas as construções são equivalentes. Em outras palavras, na canção brasileira, a mesma mentalidade que situa a mulher num pedestal é aquela que idealiza a sua sexualidade. Segundo Beltrão (1993, p. 48), "a visão masculina que coloca a mulher no campo do sagrado, abrangendo um endeusamento, uma adoração, é a mesma que faz da mulher um objeto que presta serviços ao homem e que a ele entrega o próprio corpo".

Além disso, é preciso considerar a forma pela qual os gêneros são encenados não só na canção brasileira, mas também nos textos sonoros da diáspora africana. Paul Gilroy (2001) ressalta que, entre outros elementos, a misoginia e o sexismo seriam uma das características das manifestações da diáspora africana contemporânea. Nas palavras do próprio autor,

> A representação da sexualidade e da identidade de gênero, em particular a projeção pública ritual da relação antagônica entre homens e mulheres (...) foi o quarto elemento dentro dessa formação cultural disseminada pela música do atlântico negro. (...) A representação conflituosa da sexualidade pode ser facilmente observada no conflito acirrado em torno do tom misógino e da tendência masculinista do hip hop (id., ibid., p. 176).

Desse modo, o funk dialoga com essas produções culturais e (re)encena tal vocabulário, tanto com aquele que já pulsa nas canções nacionais, quanto também com aquele presente na formação cultural do atlântico negro, principalmente, aquelas manifestações da diáspora africana disseminadas, atualmente, pela cultura hip-hop.

É, portanto, esse vocabulário que fornece vida social a esses sujeitos femininos, na medida em que os interpela como objetos sexuais, fornecendo-lhes certa existência discursiva.[44] Esses sujeitos não estão livres das tradicionais formas de poder constituídas por esse discurso erótico, porém, ao citá-lo, os sujeitos femininos reiteram tal discurso, podendo (ou não) colocá-lo em novo formato. Como mostra Butler (1997), o sujeito que enuncia o texto

....
[44] Aqui, não pretendo afirmar que essas jovens não existissem anteriormente, mas foi com a erotização do funk que as MCs femininas passaram a ter uma identidade, ou seja, uma forma de existência na cena funk.

sexista não tem um controle soberano sobre a disseminação de seus sentidos. O mesmo vocabulário que oprime e objetifica o "feminino", transformando-o em pura corporalidade, pode funcionar também como uma possibilidade de agência para esse mesmo sujeito. O nome que "fere" fornece, paradoxalmente, a possibilidade de existência social para o sujeito, uma vez que este é inserido na vida temporal da linguagem (Butler, 1997).

É esse movimento que MC Dandara encena, quando diz: "Se é das prostitutas que o mundo fala mal, é em nome delas que eu vou cantar um funk." Da mesma maneira, essas jovens apropriam-se dos termos que interpelam e ferem o sujeito feminino: *puta*, *piranha*, *cachorra*, etc. Na performance das mulheres, quando esses termos são enunciados pelos sujeitos que deveriam silenciar, parece haver uma subversão das posições de gênero, já que esses termos deixam de ser totalmente negativos e passam a constituir a identidade de sujeitos femininos, que desafiam a autoridade e o poder masculinos no jogo da sedução. Desse modo, nesses atos de fala encenados no funk, homens e mulheres se igualam: ambos têm desejos permanentes para o sexo. Nessa vertente do "funk-putaria", entra em cena uma nova modalidade de relação entre os sexos, com a emergência de uma sexualidade feminina que se opõe à passividade sexual.

Segundo Cecchetto e Farias (2002), é possível observar nas performances dessa vertente do funk carioca uma forte rejeição por parte dessas jovens às atividades desenvolvidas comumente pelas mulheres das classes populares – como, por exemplo, lavar pratos e chão –, e o privilégio de outros espaços de lazer e de consumo: o baile – onde se namora – e o shopping – onde se compram roupas. Há, portanto, uma nítida recusa a papéis subalternos ligados ao trabalho doméstico servil.

Porém ler essa recusa como um tipo de resistência ou de plataforma feminista parece-me uma interpretação apressada. Boa parte desses funks acaba por consagrar uma das características mais tradicionais na divisão sexual do trabalho. Parece-me que muitas dessas músicas sugerem que o lugar do masculino nesse arranjo é o do provedor – é isso que MC Dandara enuncia, na música *Cicciolina do funk*, quando diz que está com o homem, pois gosta "muito de grana" e que é necessário colocar "três mil na cama". E o lugar feminino continua sendo muito tradicional: já que elas recusam os trabalhos de baixa renda, só lhes resta o "sexo" como dádiva ou como algo que tem valor de troca. Em suma, mesmo com a implementação do significado "ativo" para a sexualidade feminina, as mulheres não rompem com a objetificação de seus corpos, mas apenas carnavalizam e reificam tal construção.

Dito isso, vale destacar também que a resistência está ligada a uma ressignificação radical dos gêneros, que, por sua vez, implicaria um rompimento na própria lógica violenta que estrutura a realidade dessas relações (Butler, 1993). Ao meu ver, as funkeiras não promovem esse movimento, mas apenas reivindicam para si a posição de poder, tradicionalmente, ocupada pelos homens no jogo sexual. Em outras palavras, elas falam dos homens, assim como os homens falam das mulheres. Isso acontece, por exemplo, na performance do Bonde da Juliana e as Fogosas, quando as artistas cantam para as mulheres reutilizando um vocabulário sexista: a mulher é construída como um órgão sexual e nada mais. A artista enuncia como um corpo sexual ("a porra da buceta é minha"), que rivaliza com outro corpo sexual (aquele que "vai tocar uma punhetinha"). Ainda que, nesses atos de fala, as funkeiras se posicionem como as donas de seus corpos ("eu dô pra quem quiser"), essa reivindicação por si só não parece configurar-se como uma forma de resistência feminista. Para mudar as relações de opressão, não é suficiente que sujeitos dominantes e subalternizados apenas troquem de posição, mas que alterem a lógica da própria dominação. Concordo com

Morgan (1997, p. 132), quando essa autora afirma que a reivindicação feminista não é sobre "um luta para que as garotas possam fazer o mesmo que os garotos fazem – entre outras coisas, vangloriar-se de sua capacidade sexual, na medida em que 'rivalizam com' e 'diminuem o' outro sexo" (tradução livre). Muito pelo contrário, o feminismo é sobretudo uma reivindicação que busca desnaturalizar e ampliar as escolhas dos gêneros, aumentando, nesse caso, o campo de possibilidades de "ser mulher" e de "ser homem".

4.4 Sou feia, mas tô na moda: a cor e o preço da sensualidade

De um modo geral, os significados raciais são apagados no funk carioca: tanto na vertente do funk de raiz, quanto nas performances de gênero encenadas no chamado "funk-putaria". Com raríssimas exceções,[45] o funk sinaliza uma atitude específica, de não explicitação do tema da cor. Embora se fale o tempo todo de corpo e boa parte das MCs que cantam "funk-putaria" possam ser consideradas negras ou mulatas, é apenas implicitamente que elas articulam os significados raciais na constituição de suas identidades de gênero. Além disso, a construção dessa identidade sexual das mulheres parece acontecer na medida em que elas apagam certos símbolos de "beleza negra" (disseminados pelas manifestações da diáspora africana) em seus corpos.

---

[45] Uma dessas exceções no "funk-putaria" é a música de MC Dandara *Tô solteira* ou *Agora, tô piranha*, interpretada pelo grupo Gaiola das Popozudas, que contém o seguinte verso: "Eu vou pro baile/ procurar o meu negão." Uma outra produção, que se encaixa no funk de raiz, é um rap-funk dos MCs Amílcar e Chocolate, que se tornou altamente conhecido ao ser veiculado em novela da Globo. Tal funk, intitulado *É som de preto, de favelado*, é formado pelo seguinte refrão: "É som de preto, de favelado,/ mas quando toca ninguém fica parado."

Primeiramente, cabe destacar que o corpo não é uma superfície, mas é parte integrante da construção performativa da identidade. O corpo só tem existência por meio de um processo de materialização que se estabiliza ao longo do tempo, produzindo no corpo um efeito de fronteira, de fixidez e de superfície. Desse modo, o corpo não é uma exterioridade, mas um ato iterável, uma forma de o sujeito dizer, fazer, dramatizar e, consequentemente, constituir a si próprio (Butler, 1993). Como mostra Foucault (2000), a constituição do sujeito contemporâneo sempre esteve relacionada com a construção de uma certa corporalidade gerada pelo poder/saber das instituições modernas. Nesse sentido, a identidade é uma forma de existência política, que, desde o início, é uma existência corporal e estética.

Por essa via, podemos compreender que o atributo corporal "beleza" não é algo que se "possui" ou se "tem", mas é algo que se "faz" ou se "constrói". Dito de outro modo, a beleza é um produto de nossas performances e de nossas leituras, ou seja, a beleza é moldada e reificada, portanto nunca é, naturalmente, dada. E, como tal, é sempre atravessada por inúmeros significados de identificação, como, por exemplo, os de raça e os de gênero. Segundo Patrícia de Santana Pinho (2004, p. 110), embora o Brasil seja formado por uma população majoritariamente negra, o padrão de construção e valoração dos corpos é pautado por uma lógica "eurocêntrica que classifica e determina, entre outras coisas, as categorias de beleza e de feiura". O padrão de beleza branca é a medida utilizada para significar e qualificar as características fenotípicas. A própria mulata – como a figura dengosa e sensual, tão presente no imaginário nacional – é sempre determinada de forma relacional, ou seja, sua beleza e feminilidade são definidas por contraste (aproximações e afastamentos) com as da branca, que é a referência para o belo.

Os significados da beleza negra, disseminados em parte pela cultura da diáspora africana, que buscam reverter tal lógica, não tiveram muita ressonância na forma pela qual os corpos negros são lidos no funk carioca. Não há, por exemplo, mulheres com trança ou qualquer outro tipo de penteado relacionado aos símbolos da beleza negra na cena funk. Cabelos alisados, cabelos pintados de louro e lentes de contato azuis ou verdes são um dos padrões das cantoras funkeiras, como também de muitos jovens do funk.

Segundo Patrícia de Santana Pinho (2004, p. 90), persistem no Brasil os ideais de que é necessário "embranquecer" ou pelo menos "domar" as características negras. Uma das estratégias mais comuns tem sido a manipulação da aparência através do alisamento dos cabelos. As identidades no funk seguem esse padrão. MC Dandara, por exemplo, que utilizava acessórios de temas étnicos e um penteado ligado à valorização da beleza negra chamado de *Black Power*, ao emplacar com o sucesso *Pode me chamar de puta*, transforma completamente o seu visual. Assim como as outras funkeiras, MC Dandara passa a entrar na cena funk com roupas justas e curtas, o cabelo alisado e lentes de contato.

Nas letras das músicas funk e nas próprias entrevistas que realizei com essas artistas, os significados raciais quase nunca aparecem. No entanto, é pela sua negação que tais significados se revelam. Aqui vale destacar o título de uma música e um famoso bordão de Tati Quebra-Barraco, úteis para compreender essa dissimulação e a forma pela qual beleza, raça, gênero e sexualidade se articulam na cena do funk carioca. *Sou feia, mas tô na moda* é o nome de um dos funks encenados por Tati Quebra-Barraco. Esse ato de fala e o enunciado "não tenho cabelo liso, não sou gostosa, mas tô comendo o seu marido" viraram, sem dúvida, os dois bordões mais populares da artista. O nome desse funk serviu até como título do documentário sobre as mulheres no funk produzido pela cineasta Denise Garcia.[46]

....

[46] *Sou feia, mas tô na moda* (2005). Direção, roteiro e produção: Denise Garcia.

Nesses atos de fala, fica implícito que o sujeito que enuncia é também atravessado por significados raciais. Implícito porque Tati, em nenhum momento, tanto em suas letras, quanto em suas entrevistas, se autodenomina "negra". No entanto é por uma série de outras metonímias que esses significados vão se desenhando. Tati é "feia" e o seu "cabelo não é liso" em relação a um padrão branco de mulher. Tal estratégia discursiva está inserida na forma pela qual o Brasil, como um país de ideologia mestiça, "lê" e significa as relações raciais. A exaltação à mistura de raças é uma estratégia para desqualificação de qualquer reivindicação de identificação afrodescendente – essa identificação, entre outras coisas, é o elemento poluidor da mistura.

Na fala de Tati não ocorre uma inversão desse imaginário: ou seja, o cabelo negro, tido como negativo, não é positivado. Esse aspecto, ao meu ver, também demonstra como é problemático reconhecer que essa sexualidade cantada pelas funkeiras seria uma espécie de resistência. Para compreender melhor essa questão, vale estabelecer, mais uma vez, um contraste com algumas rappers negras norte-americanas, que têm na sexualidade um tipo de plataforma feminista. Como mostra bell hooks (1993), o erotismo dessas artistas seria uma espécie de "cura" por meio da qual as jovens negras transformam certa imagem estigmatizante em símbolo de orgulho, poder e autoestima. A sensualidade dessas rappers se constrói à medida que elas exaltam e positivam a "negritude" feminina, que nunca foi considerada desejável para os padrões nacionais norte-americanos.

Porém, no funk carioca não há uma inversão do imaginário racial brasileiro – no qual a mistura é uma forma de negar ou dissimular a negritude. A resposta corporal dessas MCs parece encaixar-se na dinâmica racial brasileira. Dito de outro modo, para Tati (e para as outras funkeiras), a reivindicação da sensualidade passa pelo apagamento do excesso de negritude em seus corpos, aproximando-se, desse modo, da figura da mulata sensual. Segundo

Mariza Corrêa (1996, p. 37), a valorização da mulata na cultura brasileira se constitui numa ambivalência, pois, como um símbolo de feminilidade graciosa, ajuda a revelar o que pretende esconder: a rejeição da "negra preta".

Assim, a reivindicação da sensualidade no funk carioca não está ligada a uma inversão dos significados hegemônicos que historicamente têm sido atribuídos aos corpos das mulheres negras. Muito pelo contrário, Tati reivindica sensualidade porque é isso que vende e lhe fornece popularidade ou, como diz a artista, é o que "está na moda".

4.5 "Eles aprenderam a respeitar o meu rebolado": a "Lacraia" e os "bondes"

Como destaquei anteriormente, a performance dos bondes, além de atualizar a figura do "jovem macho sedutor", também carrega marcas de certa ambivalência. Esses grupos, frequentemente, utilizam, como nome artístico, termos que são, usualmente, utilizados para designar identidades femininas estereotipadas – piranhas, facinhos etc. Além disso, os movimentos acrobáticos que se misturam com um rebolado, considerado feminino, faz parte de sua performance de palco. Desse modo, os bondes parecem quebrar determinados significados de masculinidade.

Em uma entrevista que realizei com um dos integrantes do grupo Bonde dos Prostitutos, o jovem conta que é militar e se declara heterossexual – como a maioria dos outros artistas dos bondes. Quando perguntei para ele se já teria tido algum problema com exército por causa de sua carreira artística, o jovem me respondeu que, aos poucos, os colegas do quartel entenderam que o "funk, para ele, era também trabalho e por isso os outros militares aprenderam não só a respeitar o seu rebolado, mas também a admirá-lo".

Vale destacar que não importa tanto qual é o comportamento desse jovem em sua intimidade, mas o significado público que adquire determinada performance masculina. Entendo que o "rebolado" dos bondes fornece visibilidade e respeito para que os corpos dos sujeitos possam existir na cena funk para além dos rótulos gerados pelas dicotomias rígidas, na qual determinado sexo será sempre igual a certo comportamento.

O Bonde dos Magrinhos, que é uma das principais referências para os outros bondes – Os prostitutos, Os Facinhos –, inspira-se, entre outros artistas, na dançarina Lacraia, da dupla funk Serginho e Lacraia. Tal dançarina, ex-*drag-queen*, define a sua identidade de gênero como sendo uma "quase mulher".

Serginho e Lacraia são uma dupla que mais do que qualquer outra no funk carnavaliza as regras de gênero. Em suas performances, essa dupla ironiza a matriz heterossexual, quando, por exemplo, Serginho, ao lado de Lacraia, enuncia os seguintes versos de uma música chamada "Machão":

> Diz que isso tá errado,/ quando vê fica bolado./ Ele diz pra todo mundo,/que não gosta de veado./ Mas quando chega a noite,/ ele sai pra procurar/ um alguém bem diferente/ pra de lado ele trocar/ E tem mil fantasias,/ que ele quer realizar/ Quer tapa na cara,/ quer beijo na boca./ O machão virou uma louca! (*Machão*)

A letra dessa música, que fala de um homem que "à surdina da noite" tem relação com um outro homem que é considerado "veado", mostra como são ambivalentes as definições do que venha a ser um "machão". Como mostra Fry (1982), na América Latina, os papéis "ativo" e "passivo" numa relação sexual é que determinam a "hétero" ou a homossexualidade dos sujeitos. Portanto, para questionarmos a "matriz heterossexual", é necessário atravessar as fronteiras da naturalização e historicizar todas as partes dos nossos corpos, principalmente, aquelas que são tão definitivas na construção de nossas identidades. Nesse sentido, a música *Machão* é uma crítica aos comportamentos, que contribui para a mencionada politização. Aliás, em entrevista que realizei com os dois, Serginho faz o seguinte comentário: "Eu e Marquinho (referindo-se a Lacraia) somos uma coisa só. A gente canta o ato sexual. Mas mexeu com Marquinho, mexeu comigo. Quando canto essa música sempre falo o seguinte: 'Meu amigo, o cu é dele e você tem de respeitar. Ele faz com o cu dele o que ele quiser. Tem muito machão que dá o cu aí de madrugada.'"

Assim, Serginho, ao cantar os comportamentos sexuais, mostra como são frágeis as fronteiras que definem de um lado quem é o "machão" e de outro lado quem é a Lacraia.

Outro aspecto interessante na performance dessa dupla do funk é a forma pela qual os significados raciais são ironizados, juntamente com os significados sexuais. Nessa mesma entrevista, Marquinho fala da importância de Lacraia não só para o funk, pois ela haveria influenciado a performance de muitos bondes, mas também para a mídia brasileira. Marquinho diz o seguinte:

> A Lacraia é uma figura de respeito, que eu e Serginho criamos juntos. Antes, os garotos dos bondes diziam assim: "Vai veado escroto, vai." Agora, respeitam a minha arte e dizem: "Vai Lacraia, vai." Eu era cabeleireiro, maquiador, *drag-queen*, mas agora sou a Lacraia. Eu sei que ainda tem muita discriminação, mas eu considero a Lacraia como um marco na televisão brasileira: um veado, preto e pobre, que, brincando, mostra um rebolado mais bonito que de muita mulher; um veado que passou a fazer sucesso na TV, antes que qualquer homossexual aparecesse em novela. Aliás, o que não pode na novela pode no nosso palco: o beijo na boca.

É interessante notar como Lacraia, não só na sua autodefinição, inspirada talvez em Jorge Lafond (um ator negro, transformista, dançarino de teatro e de cinema), mostra o caráter ambíguo da dicotomia "homem/mulher", já que ela é uma "quase mulher". Uma vez que a matriz heterossexual não é algo natural, é possível escapar dela, tornando-se mais ou menos mulher, mais ou menos homem, ou até um pouco dos dois. Além disso, sua fala e performance evidenciam a não naturalidade dos gêneros, pois Lacraia é uma invenção ("de respeito e de fama") dela (Marquinhos) e de Serginho. No entanto, tudo isso é feito em um tom altamente irônico. A paródia encenada por Lacraia é uma subversão não só dos significados de gênero, como também dos significados raciais. Aqui, vale destacar uma versão chamada "Luana" que a dupla fez da música de MC Sapão chamada *Tranquilão*. Transcrevo a seguir ambas as músicas.

Tranquilão (MC Sapão)	*Luana* (Serginho e Lacraia)
Que batida é essa, Que no funk é sensação? É claro que é funk, meu irmão. Várias mulheres lindas rebolando até o chão. Isso que é pura sedução. Vem pra cá dançar, Vem pra cá curtir Hoje a gente vai se divertir Nessa festa Não vou mais sair Comigo, vem cantando assim: Eu to tranquilão, To numa boa, To curtindo o batidão Se liga nessa, Vem curtir essa emoção E a mulherada vai descendo, desce, desce	Que gatinha é essa Que quer ganhar uma canção? É claro, Caetano disse não. Ela é modelo, atriz de televisão. É claro, Caetano disse não. Vem pra cá dançar, Mas me diz seu nome? Lacraia – Meu nome é Luana Piovani Eu to tranquilão, To numa boa, To curtindo o batidão Não fiz a música, Só porque não sei seu nome Lacraia – Eu já disse é Luana Piovani Desce, desce, desce....

Na versão de Serginho, a gatinha tem nome, e este é Luana Piovani (uma artista da Rede Globo: uma modelo branca, magra e loira de olhos azuis). Mas quem no palco responde e encena essa artista, reivindicando, como paródia, a identidade de Luana Piovani, é Lacraia. Quando a dupla encena essa música, Lacraia – que está sempre detalhadamente bem-vestida e maquiada – parece embaralhar os significados de gênero e raça, causando em seu público uma mistura de desconforto, curiosidade e fascínio. São os padrões heterossexuais de beleza e sexualidade brancas que Lacraia cita para invertê-los, na medida em que reivindica para si tais padrões. Nessa ironia revolucionária, feita deliberadamente de excessos – "uma quase mulher" que vira muito mulher na incorporação de Luana Piovani –, Lacraia mostra como as fronteiras que separam os gêneros estão sempre muito perto e podem ser visitadas e continuamente transgredidas.

4.6 Novo feminismo no funk?

A pergunta que é título desta sessão é exclusivamente retórica, pois, como venho argumentando desde o início deste Capítulo, não vejo no funk feminino um tipo de funk feminista. Como destaquei, o tema sexo vem sendo altamente enunciado e carnavalizado na cena funk. Assim, já que a sexualidade é uma construção cultural resultante das performances que os sujeitos realizam, muitos significados de gênero são ora reificados, ora subvertidos. Mesmo que as mulheres reifiquem o lugar de objeto sexual em suas performances, muitas vezes essas artistas subvertem a lógica que estrutura tal lugar, quando reivindicam um papel ativo para si, no jogo sexual. Os rapazes, por sua vez, inspirados na dança de uma *drag queen*, também alteram os significados das performances masculinas, como nenhum outro gênero musical produzido no Brasil fez. No entanto, acredito que essa subversão por si só não se configure como um tipo de resistência, tampouco como uma plataforma feminista.

No interior do mundo funk, uma das figuras que tem disseminado tal posicionamento para a mídia corporativa é um dos grandes empresários do funk. De acordo com DJ Marlboro, essas jovens que falam abertamente sobre os seus desejos sexuais estariam criando um tipo de "pós-feminismo sem cartilha, fruto de sua própria vida".[47] Se, por um lado, tal argumento tem um aspecto positivo, pois, de alguma maneira, busca descriminalizar e chamar a atenção do público mais amplo para aquilo que a juventude da favela está dizendo sobre a sua realidade e sua sexualidade, por outro lado esse mesmo argumento dissimula muita coisa. É, portanto, sobre aquilo que não se diz na cena do "funk-putaria" que pretendo tratar nesta sessão.

Assim como DJ Marlboro, algumas autoras, como por exemplo Kate Lyra (2006), também reforçam essa perspectiva. Aliás, no documentário já citado, *Sou feia, mas tô na moda*, que popularizou as mulheres no funk dentro e fora do Rio de Janeiro, esses dois sujeitos são os principais porta-vozes dessa visão. No referido filme, DJ Marlboro assume tal posicionamento como a voz do próprio funk, e Kate Lyra como mulher, branca, atriz e sobretudo acadêmica, legitima tal posicionamento do funk feminino como funk feminista.

Aqui vale a pena interpretar o "lugar de fala" desses sujeitos, entendido como a posição de "um determinado enunciador em certa ordem institucional e discursiva, que o habilita a dizer determinadas coisas e que lhe interdita falar outras" (Braga, 1997, p.

---

[47] Declaração retirada do filme *Sou feia, mas tô na moda* (2005).

42). Trata-se, portanto, de um lugar de fala histórico e ideológico no interior de uma ordem institucional – que, aqui, pode ser considerada como as ordens estruturantes não só da indústria cultural como um todo, mas também, mais especificamente, da indústria pornográfica e da indústria funkeira. Essa última, como já argumentei, parece que tem sido cooptada pela pornografia.

Porém, quando falo de cooptação, não estou caindo na armadilha de ler a cultura popular pela "eterna divisão do ou/ou" (Hall, 2003, p. 338). Explico melhor: não parto do pressuposto de que, para interpretar a cultura popular, seja razoável fazer um leitura que só nos permite ver a sua identidade como uma prática cooptada (e conformista) "ou" como uma prática subversiva (e, necessariamente, um símbolo de resistência). O funk, assim como outras práticas culturais, é cheio de contradições e permeado por diversas lógicas – porém isso não é sinônimo de uma interpretação puramente relativista, mas de uma leitura que busca encontrar como as relações de poder estão presentes nessas contradições.

Assim como há, no funk, respostas e subversões que podem ser consideradas mais genuínas – ou seja, ligadas à experiência direta das comunidades de onde elas tiram seu vigor –, há também cooptações e restrições impostas pelo mercado e pelas relações de poder que estruturam a sua lógica. Como mostra Hall (2003, p. 342), a cultura popular permite trazer à tona diferentes linguagens – outras "formas de vida e tradições de representação" –, ao mesmo tempo em que é vulnerável e disponível para expropriação. Desse modo, ainda que se entenda que o "funk-putaria" escancara a forma pela qual a sexualidade tem sido vivida, dramatizada e carnavalizada pela juventude subalternizada, é preciso considerar as pressões que fazem com que uma determinada performance – que a princípio pode carregar traços de subversão – seja amplamente disseminada.

Considerando tais questões, vale retomar alguns pontos já discutidos neste Capítulo. Como mostrei, nos bastidores do funk, as mulheres, geralmente, afirmam que fazem "funk-putaria" porque é isso que "dá dinheiro". Porém quem determina "o que dá dinheiro" não são as mulheres – como já argumentei, elas não ocupam as posições de poder e de decisão na indústria funkeira. Dito de outro modo, são os grandes empresários que têm lucrado com esse tipo de produção. Situado em tal posição de dominação, percebe-se que, a partir do "lugar de fala" institucional de DJ Marlboro, não é possível – ou mesmo interessante – nenhum questionamento por parte desse sujeito sobre esse aspecto, mas apenas legitimar ideologicamente e reforçar a disseminação de tais produções – portanto, o que se diz é que a sexualidade do "funk-putaria" é um "novo tipo de feminismo".

Porém, o empresário sozinho não conseguiria sustentar tal visão, ainda mais quando considerarmos que a posição de dominação desse sujeito é relativa. Aqui vale lembrar, como destaquei no Capítulo 2, que há momentos e lugares nos quais os sujeitos aparecem em posição de dominação, mas em outros esses mesmo sujeitos são atores subalternos. Um sujeito pode ser dominante em relação a certo sujeito e subalterno em relação a outro. Desse modo, entendo que perante a indústria cultural como um todo, DJ Marlboro ocupa uma posição mais subalterna. Assim, é necessário que outros lugares de fala se cruzem com o lugar de fala de DJ Marlboro, como uma maneira de lhe fornecer mais legitimidade diante do restante da sociedade. Nesse sentido, a defesa de Kate Lyra sobre o funk ser um novo tipo de feminismo tem sido amplamente veiculado nas críticas do funk apresentadas em livros, artigos de jornal e até mesmo em filmes. Antes de discutir detalhadamente o ponto de vista dessa autora, vale também situar o seu lugar de fala.

Além de acadêmica, a norte-americana que vive no Brasil há mais de 40 anos ganhou, na década de 1970, grande popularidade em um quadro humorístico, em que encenava uma personagem americana, bela, altamente sensual e "ingênua". Na época, a atriz foi muito criticada pelo movimento feminista que lia tal personagem ingênua como uma estratégia para reificação da imagem da mulher como "loira burra" ou "mulher objeto". Além disso, a atriz foi a principal personagem do filme erótico de Silvio de Abreu chamado de *Mulher objeto*. Desse modo, entendo que Kate Lyra, ao argumentar que o funk seria um tipo de feminismo, também está dialogando com essas críticas ou respondendo a essas críticas que foram direcionadas a ela na década de 1970. Com isso não estou querendo dizer que esse lugar de fala seja menos legítimo que outros, mas estou buscando entender até que ponto esses argumentos podem explicar a forma pela qual as identidade de gênero têm sido encenadas no mundo funk.

Em seu artigo de 2006 intitulado "Eu não sou cachorra não! Não? Voz e silêncio na construção da identidade feminina no *rap* e no *funk* no Rio de Janeiro", Lyra divide o movimento feminista brasileiro em três gerações e, para ela, as funkeiras fariam parte da última geração. Segundo Lyra (2006), enquanto a reivindicação das feministas de primeira geração estaria relacionada com a luta pelo direito ao voto em 1920, a reivindicação da segunda geração estaria ligada à luta por direitos trabalhistas, na década de 1960. A terceira geração seria, então, formada por jovens que falam abertamente de sua sexualidade, assim como fazem as funkeiras. Para essa autora, haveria um rompimento entre as feministas da segunda e da terceira geração, pois, ao passo que a reivindicação das feministas da segunda geração passaria pela luta contra o estigma da mulher como objeto sexual, essas jovens da terceira geração reivindicariam a igualdade de gênero, afirmando que são seres sexuais e, como tais, merecem o devido respeito. Esse movimento estaria relacionado ao fato de a mulher, ao longo de quarenta anos, ter deixado de habitar apenas o espaço privado, sendo, atualmente, um sujeito que faz parte da esfera pública. Portanto, ainda de acordo com Lyra (2006), o funk feminino seria uma prática musical por meio da qual as mulheres transformaram a sua sexualidade (sempre confinada "às quatro paredes") em um tema público.

Entretanto, segundo a lógica estruturante dos bastidores do mundo funk, a sexualidade não é algo que vem à tona por questões políticas, mas porque é uma mercadoria que vende. Desse modo, o corpo erotizado parece ter aí uma função de permuta – ou seja, o corpo é tomado pelo seu valor de troca, enfatizando sua significação sexual a partir do cálculo. Em suma, trata-se de um erotismo funcional em que o sexo é a moeda e o "corpo vende" (Baudrillard, 1985). Em direção semelhante, Castells (1999) aponta que popularização do sexo na indústria cultural não promoveu uma liberação de tabus corporais, tal como se propunha nos anos 1960 nos Estados Unidos e em alguns lugares da Europa. Para esse autor, quando atualmente nos referimos ao sexo, estaríamos falando de uma espécie de supermercado de fantasias pessoais, em que os indivíduos se consomem uns aos outros, em lugar de se produzirem/criarem. Dessa forma, desemboca-se naquilo que Castells (1999, p. 275) chama de "sexualidade consumista" do mundo moderno.

Dito isso, lanço mão de algumas questões. Será que não haveria no argumento de Kate Lyra uma mera transposição daquilo que foi dito por feministas norte-americanas sobre resistência, quebra de tabus, sexualidade e gêneros nos anos de 1960 e 1970 naquele país, para a realidade do funk carioca dos dias de hoje? E mais: se isso ocorre, qual é o custo de tal deslocamento? Até que ponto essa transposição permite que o sujeito subalternizado seja efetivamente ouvido?

Certamente, há um milhão de diferentes respostas para todas essas questões. Aqui, considero que a migração de posicionamentos teóricos deve sempre levar em consideração o local a partir do qual se fala – todas as teorias são produzidas por sujeitos históricos politicamente situados. Assim, segundo o diálogo que tentei estabelecer com o mundo funk no meu processo de pesquisa, não encontrei nas relações de gênero uma politização do espaço privado e da sexualidade, mas um outro movimento: o da mercantilização da sexualidade. Ademais, ainda que se reconheça que a performance ou a paródia dessas jovens desafiem o lugar e a estabilidade do masculino e do feminino, a subversão, aqui, parece virar uma regra. Na grande indústria funkeira, as mulheres só entram em cena quando assumem a performance de "putas." Além disso, não há uma quebra na matriz heterossexual, uma vez que só ocorre uma inversão de posições ou papéis. As categorias naturalizadas do desejos e dos gêneros não são alteradas – a mulher só é enunciada como "puro corpo sexualizado".

Como já afirmei anteriormente, a subversão por si só não é uma resistência. Segundo Butler (2003, p. 198), algumas repetições subversivas dos gêneros "são domesticadas e redefinidas como instrumento da hegemonia cultural". Assim, uma performance com potencial subversivo – que acredito ser o caso das mulheres no funk –, através de sua contínua repetição, sempre corre o risco de se tornar um clichê, principalmente, no contexto da indústria cultural em que a subversão tem um valor de mercado.

PALAVRAS FINAIS

Tudo que a favela me ensinou,
tudo que lá dentro eu aprendi
vou levar comigo aonde eu for
vou na humildade,
procurando ser feliz.
Mesmo com tanta dificuldade,
com tanto preconceito
que eu já sofri,
só quero cantar a liberdade
Esse é um trabalho de um MC (...)
Sou favela, eu sou
e sempre serei favela!

(*Pra sempre favela*, MCs Júnior e Leonardo)

Ao longo de três décadas, o funk deixou de ser uma música alienígena e transformou-se "na cara da cidade do Rio de Janeiro". Aliás, como é destacado no Manifesto do Movimento Funk é Cultura, essa prática musical é, atualmente, uma das maiores manifestações de massa de nosso país e está diretamente relacionada aos estilos de vida e experiências da juventude de periferias e favelas.

Todavia, para a mídia corporativa, o funk só ganha legitimidade cultural quando é consumido pelas elites cariocas – nesse caso, parece acontecer aquele processo que Herschmann (2000) chamou de glamorização do funk. Ao falar de funk da favela, porém, essa mesma mídia trata o funk como um caso de polícia. Assim, o alvo de discursos discriminatórios não parece ser qualquer tipo de funk, mas o funk consumido nas favelas. Essa polarização deixa evidente que o preconceito contra o funk se insere num processo mais amplo de criminalização das favelas e de seus sujeitos. Como mostrei ao longo deste livro, tal processo traz à tona a forma pela qual o racismo se renova na sociedade brasileira. Dito de outro modo, como o racismo na cidade carioca não se confessa, é o estigma sobre o lugar de origem que fará perpetuar silenciosamente a discriminação racial.

Tal experiência de criminalização forneceu força ideológica para que um grupo de funkeiros juntamente com movimento sociais de esquerda fornecessem um sentido explicitamente político para o funk e para as suas produções. Amparados por significados como "funk de raiz", essa vertente do funk narra a favela sob o ponto de vista daqueles que habitam tais locais e encenam atos de fala líricos que desenham uma nova cartografia social da cidade do Rio de Janeiro.

Cabe destacar que participei ativamente desse processo de "politização" do funk e pude compreender como determinadas afirmações sobre o funk carioca – como, por exemplo, a de ele ser uma prática cultural que nega qualquer proposta política vinda de políticos de direita, de esquerda ou mesmo do movimento negro – parecem-me um tanto apressadas. O funk de raiz, o movimento Funk é Cultura e a APAFunk são resultantes de um tipo de interação inédita entre os artistas de funk e muitos militantes de esquerda.

Uma das razões para o ineditismo e para a raridade desse tipo de interação talvez esteja na dificuldade que determinados sujeitos políticos – até mesmo aqueles ligados a movimentos sociais de esquerda – têm em reconhecer a importância da cultura de massa para a juventude das periferias. Segundo Canclini (2008a, p. 146), na América Latina, muitos órgãos de cultura ainda continuam acreditando que a cultura e a identidade se limitam às belas artes, e um pouco às culturas indígenas e rurais, ao artesanato e às músicas mais tradicionais. É negligenciado o fato de os jovens estarem cada vez mais conectados quase que exclusivamente às indústrias culturais e aos meios de comunicação de massa.

Ainda que o funk se posicione não somente como uma criação que jovens das favelas produzem com seus escassos recursos, mas também como uma poderosa forma de comunicação entre esses mesmos jovens, não há por parte do Estado nenhum tipo de apoio. Aqui vale lembrar uma crítica de MC Leonardo. Para esse artista,

> O governo financia Cirque du Soleil, jogo de peteca em Copacabana, financia tudo. Mas nunca o funk. Baile funk eles perseguem, proíbem, cassam o alvará. Por quê? Porque o funk é associado ao tráfico, ao crime. Para a sociedade, favelado é igual a funkeiro, que é igual a traficante. O funk está ligado à favela, que está ligada ao preto e ao pobre.[48]

---

[48] Relato retirado da entrevista "A luta do funk contra o preconceito", publicada na *Revista Fórum*, ano 9, abr. 2010, p. 42-45.

Com raríssimas exceções, o baile (logo, a própria criatividade dos jovens negros favelados) é tratado como um caso de polícia. Já que o Estado não funciona como uma espécie de assegurador das necessidades coletivas do funk e de seus artistas (estes, muitas vezes, nem sequer são reconhecidos como tais), o mercado funkeiro cria rígidas hierarquias e acaba funcionando através de uma frívola fórmula de exploração de seus artistas e de homogeneização de suas produções.

É nesse contexto de exploração e, com esses recursos, que o funk carioca conseguiu estabelecer-se como uma forma de identidade, de trabalho, de diversão e de comunicação da juventude pobre e favelada, que se dissemina pelos meios de comunicação e pela cidade carioca. Tal com este estudo, outras pesquisas (Vianna, 1988; Souto, 2003; Herschmann, 2005; Facina, 2010) vêm mostrando a centralidade do funk carioca não só para a juventude das favelas e das periferias do Rio de Janeiro, mas também para a vida sonora da cidade carioca como um todo que, muitas vezes, teima em silenciá-lo. No entanto, o funk ultrapassa as barreiras físicas, espalha-se pela cidade e faz com que a presença das favelas seja mais visível ainda. É impossível passar um dia em qualquer espaço na cidade do Rio de Janeiro sem ouvir o som do batidão vindo de algum lugar – ecoando da janela de uma casa, de um carro ou de um pequeno aparelho de MP3 de algum caminhante, dos celulares de jovens do lado de "lá", mas também dos jovens lado de "cá" da cidade, etc.

Em sua contraditória relação com a indústria cultural, que lucra simultaneamente com a sua criminalização e com a sua mercantilização, o funk deixa espaço para que os jovens negros das favelas possam existir socialmente. Como destaquei ao longo deste livro, é por meio dessa prática musical que os artistas de funk fornecem novos sentidos para a cartografia social carioca, bem como reencenam significados de gênero e raça que ora reificam, ora subvertem a matriz heterossexual branca que norteia as forças hegemônicas dessa mesma cartografia.

Por fim, vale destacar mais um aspecto do funk carioca como um apontamento não só para pesquisas futuras, mas também para políticas públicas na área educacional que busquem considerar as juventudes periféricas com todo seu patrimônio cultural e a sua constante capacidade de reinvenção. Ressalto essa questão, pois, assim como a mídia trata esse segmento e suas práticas como um "caso de polícia", muitas vezes as ações do Estado assemelham-se a um tipo de ação "colonizadora" que pretende salvar aqueles que nada produzem e nada têm a oferecer. Ao longo de minha pesquisa de campo observei que o funk carioca, além de ser lazer, trabalho, identidade e comunicação das juventudes de periferias e favelas, é também uma forma de letramento típica da diáspora africana e, assim, da cultura popular presente nas favelas cariocas, em que a música, a dança e o estilo têm um lugar central. No interior dessa prática musical são produzidos e disseminados inúmeros textos orais e escritos através dos quais os jovens das favelas se tornam autores textuais, estruturam e fornecem significado para si próprios e para o "mundo funk carioca".

Destaco essa questão em vista do fato de muitos estudiosos da linguística aplicada que se dedicam à pesquisa na área de educação nas classes populares mostrarem como a contínua exclusão desse segmento dos bancos escolares também está relacionada com uma visão muito estreita do que venha ser a escrita e a leitura. Segundo Menezes de Souza (2001), é preciso ampliar certas noções etnocêntricas do que vem a ser a escrita em nossa sociedade, uma vez que esta não é uma tecnologia autônoma (como frequentemente é tratada a escrita nas escolas), mas uma tecnologia intrinsecamente relacionada com as estruturas de poder da sociedade, que afetam de forma diferenciada e desigual os distintos grupos sociais (Street, 1999). Portanto, são diversas as formas pelas quais a leitura e a escrita são compreendidas, valoradas e utilizadas. Por um lado, as formas de escrita associadas às vozes hegemônicas são escolarizadas e reconhecidas como o único "capital cultural" (Bourdieu, 1996), um índice de desenvolvimento, de inteligência e de independência; e, por outro lado, os textos que são produzidos e circulam à margem das instituições de prestígio não são nem sequer reconhecidos como formas efetivas de leitura e de escrita, que funcionam e estruturam determinado grupo.

Nesse sentido, entendo que o funk carioca é também um poderoso "agente de letramento",[49] pois é por meio dessa prática musical que inúmeros jovens das favelas constituem suas identidades como "autores textuais", bem como se engajam em "eventos de letramento" (Street, 1999), ou seja, em eventos que envolvem, em alguma medida, a criação, a reprodução e o consumo de textos orais e escritos. Cabe destacar que muitos dos jovens que produzem e consomem funk nas favelas cariocas não têm acesso às instituições de prestígio, tampouco encontram na escola formal práticas de letramento que tenham relevância para a construção de suas histórias individuais. Nas trajetórias de vida desses jovens, a escrita e a leitura estão fundamentalmente relacionadas com a produção e o consumo do funk. É por meio dessa prática musical que boa parte dos jovens se torna autor de seus próprios textos (aqui me

---

[49] Kleiman (2006) utiliza esse conceito quando se refere ao papel do professor na escola formal, ou seja, esse sujeito seria um "agente social mobilizador" dos sistemas de conhecimento, dos recursos e das capacidades dos membros de certa comunidade. Embora aqui eu utilize o termo "agente de letramento" não para me referir a um sujeito, mas para caracterizar uma prática social específica, ressalto também, a partir da inferência de Kleiman, a capacidade "mobilizadora" do funk carioca, pois é por meio dessa prática musical que os sujeitos se engajam em atividades de leitura e escrita, bem como agem em prol de um objetivo em comum.

refiro aos textos que circulam no mundo funk, como, por exemplo, *releases*, propagandas dos eventos, as letras de música, etc.), bem como passa a interagir com gêneros textuais de instituições de prestígio (aqueles textos que, a partir do momento em que funk se transforma em um fenômeno de mercado, passam também a fazer parte do universo funkeiro, como, por exemplo, os contratos com as gravadoras, os registros das músicas, leis sobre direitos autorais, etc.). O texto da Lei Funk é Cultura, que contou com a participação de MCs da APAFunk é um ótimo exemplo para esse tipo de interação que acontece no interior dessa prática musical.

Dito isso, acho que seria um passo importante a elaboração de pesquisas futuras que se propusessem a refletir sobre as "escritas" do funk carioca. Esse tipo de estudo poderia entre outras coisas fundamentar trabalhos pedagógicos comprometidos com a transformação social, logo com o reconhecimento dessas múltiplas formas de letramento que têm lugar fora das escolas. A maior parte dos jovens inseridos no que chamei de "mundo funk carioca" leem e escrevem, porém não encontram na escola ancoragem para as suas práticas. Muito pelo contrário, essas práticas, frequentemente, são duplamente marginalizadas nos bancos escolares. Primeiro, por se tratar de textos da cultura popular negra, na qual a própria noção de letramento e de escritura[50] ocidental é posta em xeque. Por exemplo, as divisões escrito/oral, visual/gráfico, mental/corporal não são nítidas nas produções textuais da cultura popular. De acordo com Menezes de Souza (2001), permeia a sociedade e

---

[50] Ao utilizar o termo "escritura" não me refiro ao escrito em si, mas aos discursos que constituem determinado produto social como uma "escritura", atribuindo-lhe características, sentidos e valores. Assim, poderíamos dizer que, na cultura ocidental, a oralidade é algo que deve ser exterior (ou mesmo anterior) ao texto escrito. Nesse sentido, a oralidade é vista como uma falta (de escritura), somente aceita quando é entendida como "licença poética".

a escola uma perspectiva grafocêntrica[51] e logocêntrica sobre as práticas de letramento. É, portanto, atribuído aos segundos pares dessas dicotomias (ou seja, ao oral, ao visual e ao corporal) um valor menor. Estes são entendidos como uma espécie de falta (de escrita) e a cultura popular como mais "primitiva". E, segundo, não se trata de qualquer cultura popular, mas do ritmo que é mais significativo entre os jovens favelados e, talvez por isso mesmo, o ritmo que mais tem sido marginalizado e estigmatizado no contexto brasileiro nos últimos anos.

Aqui, não se trata de relativizar ao extremo e considerar que todas as práticas de letramento e seus textos são equivalentes. (É bom lembrar que a escrita e as práticas de letramento têm lugar numa sociedade atravessada por hierarquias e relações de poder.) Porém, é necessário reconhecer e compreender a escrita e a leitura em outros domínios sociais. É preciso, então, trazer para a escola, as escritas e as leituras constituídas em diferentes gêneros textuais, que estão para além das instituições de prestígio. Como mostram os estudiosos dos Novos Estudos do Letramento (cf. Street, 1999; Barton, 1994), há diferentes formas de letramento em nossa sociedade relacionadas às diversas formas de interação social em espaços públicos e privados, fora e dentro da escola. Investigar as formas de letramento em contextos tão marginalizados pode ser uma forma de fornecer subsídios para ampliar o letramento escolar, colocando em questão as perspectivas grafocêntricas e logocêntricas ainda tão presentes em nossos currículos. Ademais, essa mudança de perspectiva pode abrir caminhos para outras visões de mundo, nas quais os sujeitos constituídos por letramentos da

---

[51] Termo muito utilizado nos estudos de letramento para se referir à cultura letrada que se organiza em torno da grafia. A ideologia que perpassa o grafocentrismo é que a grafia ou a escrita é uma tecnologia individual e autônoma com valores e efeitos universais (cf. Menezes de Souza, 2001; Street, 1996)

cultura popular e da diáspora africana tenham a possibilidade de encontrar na escola formas de diálogo entre as diversas concepções e usos da leitura e da escrita, bem como modos de fortalecimento de suas próprias identidades e práticas de letramento.

* * *

Vale destacar que ao longo deste livro não procurei ser neutra nem imparcial; não interpretei os atos de fala encenados no mundo funk de um ponto fixo onde a objetividade linguística estivesse garantida, tampouco olhei por sobre os ombros dos "nativos" como se pudesse me desfazer de todas as minhas crenças e ver o mundo tal qual os sujeitos pesquisados o fazem. Essa pesquisa é resultante de um trabalho ideologicamente situado que buscou não só compreender, mas principalmente dialogar e intervir, de alguma maneira, no universo estudado. Desde o início, uma preocupação colocou-se como pano de fundo de minhas perguntas – qual seria a identidade do funk (tanto da prática musical, quanto de seus sujeitos)? Fundamentada por uma noção de identidade não essencial, mas sim política, desenhei a forma pela qual uma manifestação da diáspora africana é reinventada na cidade carioca – um território que, talvez por ser a sede do mito da democracia racial brasileira, insiste em esconder e em lembrar que continua sendo a "casa de branco". Todavia parece-me que o funk, insubordinadamente, passa pelas frestas e instala-se no centro dessa casa, impostando-se como a voz criativa de milhares de jovens favelados e negros em tempos de cultura de massa.

REFERÊNCIAS BIBLIOGRÁFICAS

ARCE, J.M.V. "O funk carioca". In: HERSCHAMANN, M. *Abalando os anos 90: funk e hip-hop – globalização, violência e estilo cultural*. Rio de Janeiro: Tempo Universitário, 1997.

ASAD, T. "The Concept of Cultural Translation in British Social Anthropology". In: CLIFFORD, J.; MARCUS, G. *Writing Culture: the Poetics and Politics of Ethnography*. Los Angeles: University of California Press, 1986.

AUSTIN, J.L. *How to Do Things with Words*. Oxford: Claredon Press, 1975 [1962].

BAKHTIN, M. *A cultura popular na idade média: o contexto de François Rabelais*. São Paulo: Hucitec; Brasília: Editora da UnB, 1993.

BARTON, D. *Literacy: an Introduction to the Ecology of Written Language*. Oxford: Blackwell, 1994.

Batista, N. "Mídia e sistema penal no capitalismo tardio". *Discursos Sediciosos: Crime, Direito e Sociedade* – Revan/ICC, Rio de Janeiro, n. 12, 2º semestre de 2002, p. 253-270.

BAUDRILLARD, J. *A sociedade de consumo*. Lisboa: Edições 70, 1985.

BAUMAN, Z. *Identidade: entrevista a Benedetto Vecchi*. Tradução: Carlos Alberto Medeiros. Rio de Janeiro: Jorge Zahar, 2005.

BELL, V.O. "Speech, Race and Melancholia: an interview with Judith Butler". *Theory, Culture and Society*, v. 16, n. 2, p. 163-174.

BELTRÃO, S. Jr. *A musa-mulher na canção brasileira*. São Paulo: Estação Liberdade, 1993.

BENJAMIN, W. *Magia e técnica, arte e política: ensaios sobre literatura e história da cultura. Obras escolhidas*. Tradução: Sérgio Paulo Rouanet. 7. ed. São Paulo: Brasiliense, 1994.

BHABHA, H. *O local da cultura*. Tradução: Miriam Ávila et al. Belo Horizonte: Editora da UFMG, 2003.

BITTENCOURT, B. "Funk movimenta R$ 10 milhões por mês só no Rio de Janeiro, diz estudo". *Folha de S.Paulo*. Disponível em: <http://www1.folha.uol.com.br/folha/ilustrada/ult90u492067.shtml>. Acesso em: 27 jan. 2009.

BLACKLEDGE, A. "The Racialization of Language in British Political Discourse". *Critical Discourse Studies*, v. 3, issue 1, 2006, p. 61-79. Disponível em: <<http://www.informaworld.com/smpp/title-content=t713695016>>. Acesso em: mai. 2008.

BOURDIEU, P. *Economia das trocas linguísticas*. 7. ed. São Paulo: Edusp, 1996.

BRAGA, J.L. "Lugar de fala como conceito metodológico no estudo de produtos culturais e outras falas". In: FAUSTO NETTO, A.; PINTO, M.J. (Org.). *Mídia e cultura*. Rio de Janeiro: Diadorim, 1997, p. 105-120.

BUTLER, J. *Bodies that Matter: on the Discursive Limits of Sex*. New York; London: Routledge, 1993.

_____. *Excitable Speech: a Politics of the Performative*. New York: Routledge, 1997.

_____. *Gender Trouble: Feminism and the Subversion of Identity*. New York: Routledge, 1999.

_____. *Problemas de gênero: feminismo e subversão da identidade*. Tradução: Renato Aguiar. Rio de Janeiro: Civilização Brasileira, 2003.

_____. "Performative Acts and Gender Constitution: an Essay in Phenomenology and Feminist Theory". In: BIAL, H. (Edit.). *The Performance Studies Reader*. 2. ed. New York: Routledge, 2004.

CANCLINI, N.G. *Culturas híbridas*. Tradução: Ana Tegina Lessa e Heloísa Pezza Cintrão. 4. ed. São Paulo: Edusp, 2008.

_____. *Consumidores e cidadãos*. Tradução: Maurício Santana Dias. 7. ed. Rio de Janeiro: Editora da UFRJ, 2008a.

CASTELLS, M. *O poder da identidade*. v. 2. *A era da informação: economia, sociedade e cultura*. Rio de Janeiro: Paz e Terra, 1999.

CECCHETTO, F.R.; FARIAS, P. "Do funk bandido ao pornofunk: o vaivém da sociabilidade juvenil carioca". *Interseções*, Rio de Janeiro, ano 4, n. 2, 2002, p. 37-64.

CLIFFORD, J. "Introduction: Partial Truths". In: CLIFFORD, J.; MARCUS, G. *Writing Culture: The poetics and Politics of Ethnography*. Los Angeles: University of California Press, 1986.

_____. "On Ethnography Allegory". In: CLIFFORD, J.; MARCUS, G. *Writing Culture: The poetics and Politics of Ethnography*. Los Angeles: University of California Press, 1986a.

CORONIL, F. "Listening to the Subaltern: the Poetics of Neocolonial States". *Poetics Today*. *Loci of Enunciation and Imaginary Construction: the Case of (Latin) America*. v. 15, n. 4, 1994, p. 643-658.

CORRÊA, M. "Sobre a invenção da Mulata". *Cadernos Pagu*, Núcleo de Estudos de Gênero – Pagu/Unicamp, n. 6-7, 1996, p. 51-66.

COSTA, C.L. "O sujeito do feminismo". *Cadernos Pagu*, Núcleo de Estudos de Gênero – Pagu/Unicamp, n. 19, 2002, p. 59-90.

CUNHA, O.M.G. "Bonde do mal: notas sobre território, cor, violência e juventude numa favela do subúrbio carioca". In: MAGGIE, Y.; REZENDE, C.B. (Org.). *Raça como retórica: a construção da diferença*. Rio de Janeiro: Civilização Brasileira, 2002, p. 83-154.

DE CERTAU, M. *A invenção do cotidiano: Artes de fazer*. Petrópolis: Vozes, 2008.

DELMANTO, C. et al. *Código Penal comentado*. 6. ed. atua. e amp. Rio de Janeiro: Renovar, 2002.

DERRIDA, J. *Margens da filosofia*. Tradução: Joaquim Torres Costa e António M. Magalhães. Porto, Portugal: Rés-Editora, 1982.

DIAS, M.T. *Os donos da voz: a indústria fonográfica brasileira e mundialização da cultura*. São Paulo: Boitempo/Fapesp: 2000.

DOUGLAS, M. *Pureza e perigo*. São Paulo: Perspectiva, 1996.

ESSINGER, E. *Batidão: uma história do funk*. Rio de Janeiro: Record, 2005.

FACINA, A. "Não me bate doutor: funk e criminalização da pobreza". In: *Anais do V Enecult*. 25 a 27 mai. 2009. Faculdade de Comunicação da UFBA, Salvador, BA. Disponível em: <<www.cult.ufba.br/enecult2009/19190.pdf>>. Acesso em: 27 abr. 2010.

FACINA, A.; LOPES, A.C. "Cidade do Funk: expressões da diáspora negra nas favelas cariocas". In: *Anais do VI Enecult*. 25 a 27 mai. 2010. Faculdade de Comunicação da UFBA, Salvador, BA.

FAIRCLOUGH, N. *Discurso e mudança social*. Tradução: Izabel Magalhães. Brasília: Editora da UnB, 2001.

FAOUR, R. *História sexual da MPB: a evolução do amor e do sexo na canção brasileira*. Rio de Janeiro: Record, 2008.

FELD, S. *Sound and Sentiment: Birds, Weeping, Poetics and Song in Kaluli Expression*. Philadelphia: University of Pennsylvania Press, 1984.

FLAUZINA, A. *Corpo negro estendido no chão: o sistema penal e o projeto genocida do Estado brasileiro*. Rio de Janeiro: Contraponto, 2008.

FORMAN, M. *The 'Hood Comes First': Race, Space and Place in Rap and Hip-Hop*. Middletown, CT: Wesleyan University Press, 2002.

FOUCAULT, M. *A ordem do discurso*. São Paulo: Loyola, 1996.

_____. *A história da sexualidade: A vontade de saber*. 14. ed. Rio de Janeiro: Graal, 2000.

FRITH, S.; MARSHALL, L. "Making Sense of Copyright". In: FRITH, S.; MARSHALL, L. (Eds.). *Music and Copyright*. Edinburgh: Edinburgh University Press, 2004.

FRY, P. "Da hierarquia à igualdade: a construção histórica da homossexualidade no Brasil". In: FRY, P. *Para inglês ver: identidade e política na cultura brasileira*. Rio de Janeiro: Zahar, 1982.

GAUNT, K.D. "Translating Double-Dutch to Hip-Hop: the Musical Vernacular of Black Girls Play". In: FORMAN, M.; NEAL, M. A. (Eds.). *That's the Joint! The Hip-Hop Studies Reader*. New York: Roudtledge, 2004, p. 251-265.

GEERTZ, C. *A interpretação das culturas*. Rio de Janeiro: Zahar, 1978.

GIDDENS, A. *A transformação da intimidade: sexualidade, amor e erotismo nas sociedades modernas*. São Paulo: Unesp, 1993.

GILROY, P. *O atlântico negro*. Tradução: Cid Kniple Moreira. Rio de Janeiro: Editora 34, 2001.

GOFFMAN, E. *A representação do eu na vida cotidiana*. Petrópolis: Vozes, 2001.

HALL, S. "Cultural Identity and Diaspora". In: WILLIAMS, P.; CHRISMAN, L. *Colonial Discourse and Post-colonial Theory: a reader*. New York: Columbia University Press, 1997, p. 392-404.

_____. "Quem precisa de identidade?". In: SILVA, T.T. da (Org.). *Identidade e diferença: a perspectiva dos estudos culturais*. Petrópolis: Vozes, 2000.

_____. "Que negro é esse da cultura negra?". In: HALL, S. *Da diáspora: identidade e mediações culturais*. Tradução: Adelaine La Guardia Resende et al. Belo Horizonte: Editora da UFMG, 2003, p. 335-353.

_____. *A centralidade da cultura: notas sobre as revoluções culturais do nosso tempo*. Disponível em: http://w3.ufsm.br/mundogeo/geopolítica/more/stuarthall.htm. Acesso em: 23 set. 2009.

HARRISON, M. *Jazz on Record: a Critical Guide to the First 15 years*. London: Hanover books, 2002.

HEILBORN, M.L. "Construção de si, gênero e sexualidade". In: HEILBORN, M.L. (Org.). *Sexualidade: o olhar das ciências sociais*. Rio de Janeiro: Zahar, 1999, p. 40-58

HERSCHMANN, M. "As imagens das galeras funk na imprensa". In: MASSADER PEREIRA, C.A.; RONDELI, E.; SCHOLHAMMER, E.; HERSCHMANN, M. (Org.). *Linguagens da violência*. Rio de Janeiro: Rocco, 2000.

_____. *Funk e o hip-hop invadem a cena*. 2. ed. Rio de Janeiro: Editora da UFRJ, 2005.

HERSCHMANN, M.; KISCHINHEVSKY, M. "Indústria fonográfica: uma crise anunciada". Anais do XII Congresso Brasileiro de Ciências da Comunicação, set. 2005. Disponível em: <<www2.eptic.com.br/.../d48719d6ab63ab38e89847f4ae8c2109.pdf>>. Acesso em: abr. 2010.

HOBSBAWN, E. *Bandidos*. Rio de Janeiro: Forense Universitária, 1975.

hooks, b. *Sisters of the Yam: Black Women and Self-Recovery*. Boston: South and Press, 1993.

JAKOBSKIND, M. A. *Tim Lopes: Fantástico/Ibope*. Rio de Janeiro: Europa, 2003.

JOSEPH, I. *Eving Goffman e a microssociologia*. Rio de Janeiro: Editora da FGV, 2000.

KEYS, C.L. "Empowering Self, Making Choices, Creating Spaces: Black Female Identity via Rap Music Performance". In: FORMAN, M.;

NEAL, M.A. (Org.). *That's the Joint! The Hip-Hop Studies Reader*. New York: Roudtledge, 2004.

KLEIMAN, A. "Introdução: o que é letramento? Modelos de letramento e práticas de alfabetização na escola." In: KLEIMAN, A. *Os significados do letramento: novas perspectiva sobre a prática social da escrita*. Campinas: Mercado das Letras, 1995.

_____. "Processos identitários nas formação profissional: o professor como agente de letramento". In: GONÇALVES CORRÊA, M.L.; BOCH, F. *Ensino de língua: representação e letramento*. Campinas: Mercado das Letras, 2006.

KOCH, I. *O texto e a construção dos sentidos*. São Paulo: Contexto, 1993.

LARKIN, B. "Degrades Images, Distorted Sounds: Nigerian Video and Infrastructure of Piracy". *Public Culture* – Duke University Press, 16, n. 2, 2004, p. 289-314.

LEFEBVRE, M. *The Production of Space*. Oxford: Basil Blackwell, 1991.

LIMA, A. "O fenômeno timbalada: cultura musical afro-pop e juventude baiana negro-mestiça". In: SANSONE, L.; SANTOS, J.T. dos (Orgs.). *Ritmos em trânsito: sócio-antropologia da música baiana*. Salvador: Dynamis Editorial/Programa A Cor da Bahia/Projeto Samba, 1998, p. 161-180.

LYRA, K. "Eu não sou cachorra não! Não? Voz e silêncio na construção da identidade feminina no *rap* e no *funk* no Rio de Janeiro". In: ROCHA, E. et al. *Comunicação, consumo e espaço urbano: novas sensibilidades nas culturas jovens*. Rio de Janeiro: PUC-Rio/Mauad, 2006, p. 175-195.

MAGALHÃES, I. *Eu e tu: a constituição do sujeito no discurso médico*. Brasília: Thesaurus, 2000.

MAINGUENEAU, D. *Gênese dos discursos*. Tradução: Sírio Possenti. Curitiba: Criar, 2005.

MEDEIROS, J. *Funk carioca: crime ou cultura? O som dá medo. E prazer*. São Paulo: Terceiro Nome, 2006.

MENEZES DE SOUZA, L. M. "Para uma escrita indígena: a escrita multimodal Kaxinawá". In: SIGNORINI, I. (Org.). *Investigando a relação oral/escrito e as teorias de letramento*. Campinas: Mercado das Letras, 2001.

MICHELSEN, A. "Tráfico: paisagens sexuais: alguns comentários". *Lugar Comum*, n. 12, mai-ago. 2001

MOITA LOPES, L.P. *Identidades fragmentadas: a construção discursiva de raça, gênero e sexualidade em sala de aula.* Campinas: Mercado das Letras, 2002.

MOITA LOPES, L.P. (Org.). *Por uma linguística aplicada indisciplinar*. São Paulo: Parábola Editorial, 2006.

MORELLI, R.L. *Arrogantes, anônimos e subversivos: interpretando o acordo e a discórdia da tradição autoral Brasileira*. Campinas: Mercado das Letras, 2000.

MORGAN, J. *The Bad Girls of Hip-Hop*. New York: Essence, 1997.

NEGUS, K. *Music Genres and Corporate Cultures*. Londres: Routledge, 2002.

NICHOLSON, L. "Interpretando o gênero". *Revista Estudos Feministas*, Florianópolis, n. 2, v. 8, 2000, p. 9-41.

OLIVEIRA, J. de; MACIER, M. "A palavra é: favela". In: ZALUAR, A.; ALVITO, M. *Um século de favela*. 5. ed. Rio de Janeiro: Editora da FGV, 2006, p. 61-115.

PENNYCOOK, A. "Uma Linguística aplicada transgressiva". In: MOITA LOPES, L.P. (Org.). *Por uma linguística aplicada indisciplinar*. São Paulo: Parábola Editorial, 2006.

_____. *Global Englishes and Transcultural Flows*. London; New York: Routledge, 2007.

PERALVA, A. *Violência e democracia: o paradoxo brasileiro*. São Paulo: Paz e Terra, 2000.

PINHO, O. *O mundo negro: sócio-antropologia da reafricanização em Salvador*. 2003. Tese. 302 f. (Doutorado em Antropologia) – Faculdade de Ciências Humanas, Universidade Estadual de Campinas, Campinas, 2003.

_____. "O efeito do sexo: políticas de raça, gênero e miscigenação". *Cadernos Pagu*, Núcleo de Estudos de Gênero – Pagu/Unicamp, n. 23, 2004, p. 89-119.

_____. "A vida em que vivemos: raça, gênero e modernidade em São Gonçalo". *Revista de Estudos Feministas*, Florianópolis, n. 1, v. 14, 2006, p. 3-36.

_____. "A fiel, a amante e o jovem macho sedutor: sujeitos de gênero na periferia racializada". *Saúde Sociedade*, São Paulo, n. 2, v. 16, 2007, p. 133-145.

PINHO, S.P. de. *Reinvenções da África na Bahia*. São Paulo: Annablume, 2004.

PINTO, J.P. "Conexões teóricas entre performatividade, corpo e identidades". D.E.L.T.A., 23:1, 2007, p. 1-26. 2004.

RAJAGOPALAN, K. *Por uma linguística crítica: linguagem, identidade e a questão ética*. São Paulo: Parábola Editorial, 2003.

ROSE, T. *Black Noise: Rap Music and Black Culture in Contemporary America*. Middletown, CT: Wesleyan University Press, 1994.

_____. "Never Trust a Big Butt and a Smile". In: FORMAN, M.; NEAL, M. A. (Org.). *That's the Joint! The Hip-Hop Studies Reader*. New York: Roudtledge, 2004, p. 291-307.

SEEGER, A. "Etnomusicologia/antropologia da música: disciplinas distintas?". In: ARAÚJO, S.; PAZ, G.; CAMBRIA, V. (Org.). *Música em debate: perspectiva interdisciplinares*. Rio de Janeiro: Mauad X/ Faperj, 2008, p. 17-31.

SILVA, T.T. da. "A produção social da identidade e da diferença". In: SILVA, T.T. da (Org.). *Identidade e diferença: a perspectiva dos estudos culturais*. Petrópolis: Vozes, 2000, p. 7-72.

SOUTO, J. "Os outros lados do funk carioca". In: VIANNA, H. (Org.). *Galeras cariocas: territórios de conflitos e encontros culturais*. 2. ed. Rio de Janeiro: Editora da UFRJ, 2003.

SOUTO, J.; MARCIER, M.H. "A palavra é: favela". In: ZALUAR, A.; ALVITO, M. *Um século de favela*. 5. ed. Rio de Janeiro: Editora da FGV, 2006.

SPIVAK, G.C. "Can the Subaltern Speak?". In: WILLIAMS, P.; CHRISMAN, L. (Edit.). *Colonial Discourse and Post-Colonial Theory: a Reader*. New York: Columbia University Press, 1994.

STREET, B. "Preface". In: PRINSLOO, M.; BREIER, M. *The Social Uses of Literacy: Studies in Written Language and Literacy*, v. 4. Amsterdã: John Benjamin Publishers, 1996.

_____. "Literacy Practices and Literacy Myths". In: STREET, B. *Social Literacies: Critical Approaches to Literacy and Development, Ethnography and Education*. London: Cambridge University Press, 1999.

THÉREBERGE, P. "Technology, Creative Practice and Copyright". In: FRITH, S.; MARSHALL, L. (Org.). *Music and Copyright*. Grã-Bretanha: Edinburgh University Press, 2004.

THOMAS, J. *Meaning in Interaction: an Introduction to Pragmatics*. London: Longman, 1995.

THOMPSON, A. "Reforma da polícia: missão impossível". In: *Discursos Sediciosos: crime, direito e sociedade* – Freitas Bastos/ICC, Rio de Janeiro, n. 9-10, 1º e 2º semestre de 2000, p. 244.

VAN OORT, R. "The Critic as Ethnographer". *New Literary History: a Journal of Theory and Interpretation*, n. 4, v. 35, 2004, p. 621-661.

VENTURA, Z. *Cidade partida*. Rio de Janeiro: Companhia das Letras, 1994.

VILLAÇA, N. "Do tabu ao totem: bundas". *Lugar Comum*, n. 8, maio-ago. 1999.

VIANNA, H. *O mundo funk carioca*. Rio de Janeiro: Jorge Zahar, 1988.

_____. *O mistério do samba*. Rio de Janeiro: Editora da UFRJ, 1995.

VINCENT, R. *Funk: the Music, the People, the Rhythm of the One*. New York: St. Martin's Griffi, 1995.

_____. *A conveniência da cultura: usos da cultura na era global*. Tradução: Maria-Anne Kremer. Belo Horizonte: Editora da UFMG, 2006.

WACQUANT, L. *Punir os pobres: a nova gestão da miséria nos Estados Unidos*. Rio de Janeiro: Freitas Bastos/ICC, 2000.

_____. "O que é gueto? Construindo um conceito sociológico". *Revista de Sociologia e Política*, n. 23, 2004, p. 155-164.

_____. *As duas faces do gueto*. São Paulo: Boitempo, 2008.

WADE, P. *Music, Race and Nation: Musica Tropical in Colombia*. Chicago: The University of Chicago Press, 2000.

WHITE, W. F. *Sociedade de esquina*. Rio de Janeiro: Jorge Zahar, 2005.

YÚDICE, G. "A funkificação do Rio". Tradução: Valéria Lamego. In: HERSCHAMANN, M. *Abalando os anos 90: funk e hip-hop – globalização, violência e estilo cultural*. Rio de Janeiro: Tempo Universitário, 1997.

_____. *A conveniência da cultura: usos da cultura na era global*. Tradução: Maria-Anne Kremer. Belo Horizonte: Editora da UFMG, 2006.

ZACCONE, O. *Acionistas do nada: quem são os traficantes de drogas*. Rio de Janeiro: Revan, 2007.

ZALUAR, A. "Crime, medo e política". In: ZALUAR, A.; ALVITO, M. *Um século de favela*. 5. ed. Rio de Janeiro: Editora da FGV, 2006.

Este livro foi produzido no inverno de 2011, no Rio de Janeiro, pela
Bom Texto Editora. Foram utilizadas as fontes
Adobe Garamond Pro e ITC Franklin Gothic Std.
Impresso em Petrópolis/RJ, pela Sermograf,
em papel offset 75 g/m².